Aldo Busi

MANUALE DEL PERFETTO SINGLE

(e della Piùccheperfetta fetta per fetta)

MONDADORI

www.mondadori.com/libri

ISBN 88-04-50483-8

© 2002 Arnoldo Mondadori Editore S.p.A., Milano
I edizione aprile 2002

Indice

11 Una frase, un'immagine appena

19 Premessa della pre-messa
23 Pre-messa
32 Chi è e chi non è Single
36 La rugiada della solitudine
45 Brina con gelata
46 Età della stupidera contro età della ragione
52 Della solitudine dei giudici migliori vista dal punto di vista del Single infangato e offeso e frodato, solo con se stesso e la sua sete di giustizia, che perde sempre ogni causa contro clan, conventicole e cupole e semplici famiglie, di fatto o di potere, e che da vittima e accusatore diventa carnefice e accusato grazie alla consorteria dei giudici peggiori
58 Ghirigori sui *se* d'accademia
62 Profumo di Single, profumo di no
64 La favola delle libere scelte
66 Il necessario e il superfluo

69	No bau
71	Come si nutre il perfetto Single
80	Da che parte sta il Single estremo – Sui fatti italo-cileni al G8 di Genova del luglio 2001, in memoria di Carlo Giuliani
89	Quante stelle! Non saranno troppe in certi casi?
94	Inganno su richiesta: galateo per le mogli di preti rinnegate subito dopo la luna di miele
97	La sincerità in vacca
99	Cari volti qui e là
103	La pornografia per il sollievo anche della Single
109	Sentimenti sparsi del Single spurio
113	Contro la luce eterna dell'eterosessualità santificata
123	Come ti sistemo la vecchia placentara
125	Vado, ti ammazzo e torno
130	Dello strapparsi l'amore dal cuore
133	Strategie d'amore dopo gli anta
138	No
141	Care maremmane
151	E darsi una ridimensionatina?
153	Filosofia del prodotto *uomo*
158	Pari opportunità e patta
160	L'incostanza
162	Cani grossi; soldi anche se pochi
163	Alla ricerca del navigator cortese
164	Relazione emotiva *vs* relazione affettiva
169	Pantofole chiodate

171	Economia con la domestica
174	Due variazioni sul tema che, ahimè, ritorna
182	Nozioni sessuali di base per un maschio nuovo e una femmina meno antica
188	Vigilie
208	Single di lusso in quanto bordello
210	Cuori da cuor nella notte
213	Salvare la forma (per memorizzare il significato)
224	Del dargliela
226	Non c'è fine
231	Una notte da signorina
235	Ouverture a ciel sereno
236	Lacrimonia
237	Arresti domiciliari
242	Si può saltare
247	Allori di camomilla (commiato di evviva al perfetto e alla perfetta Single)

Manuale del perfetto Single

> Da bambina osservavo tutto. Mi piacevano gli uccelli.
>
> PHILIP ROTH, *La macchia umana*

> La masturbazione non passerà mai di moda.
>
> KEITH HARING, *Diari*

> Non ci si abitua impunemente ad andare dove si vuole, a fare quello che si vuole, a essere il padrone di se stesso.
>
> HECTOR MALOT, *Senza famiglia*

Una frase, un'immagine appena

A volte impiego anni e anni prima di liberare un'immagine... prima di liberarmi di un'immagine che mi ha colpito e fatto soffrire, cioè riflettere su di me tramite essa. Se ci si pensa bene, quando crediamo di soffrire per lo stato di abbandono e di infelicità e di imbarbarimento di qualcuno – per il quale non facciamo né faremo niente per cambiarlo –, stiamo in verità soffrendo al pensiero che un giorno tocchi la stessa sorte anche a noi; ci serviamo di questo qualcuno non per avvicinarci a lui ma quale ponte per arrivare a una nostra ipotetica riva e gettarci però su tutt'altra sponda e evitare l'attracco a quella stessa rovina; rendiamo questo qualcuno ancora più misero e impoverito di come lo abbiamo trovato, portiamo via, grazie a lui o a lei, un bene da stivare nella nostra scorta preventiva contro i rigori del freddo, della fame, l'isolamento, l'emarginazione sociale, i parassiti che lo perseguitano, la malattia della sua pelle e la demenza che lo rende stranamente serafico, celestiale nel suo inferno. Lo ringraziamo tutt'al più con un sospiro e tiriamo dritto per la nostra strada lasciandocelo alle spalle per sempre.

Per sempre?

L'immagine mi si para davanti a Fez, nella parte del bazar sotto la volta delle case più alte, è periodo di Ramadan ovvero di stretto digiuno dall'alba al tramonto. Sono stato appena bonariamente sgridato da un vecchio perché mangiavo un mandarino per strada, gli ho detto che non appartenevo alla loro religione e, anzi, che non professavo nessuna religione, e che il mio mangiare un mandarino all'aperto non era un segno di disprezzo verso la loro regola di digiuno ma un tributo verso la bontà dei loro frutti e la loro tolleranza per costumi diversi, visto che io ero un turista chiaramente non musulmano ma che tuttavia sapevo bene cosa stavo facendo e quali erano i miei diritti e i miei doveri; si era raccolto attorno a me un capannello di gente, più divertita che scandalizzata, e mi trovai a sbarrare il passo a un certo panico, perché bastava una parola fuori riga o una tangente di discorso troppo arrischiata per ricevere qualche calcio negli stinchi minimo; la mia volontà di non avere paura e le mie parole, specialmente sulla fama della loro tolleranza e del loro senso di ospitalità, finirono per piacere un sacco e una sporta, e da notare che mentre parlavo non smettevo di sbucciare e di mangiare i miei mandarini appena comprati, i vecchi e i giovani e le donne finirono per passare tutti dalla mia parte, un paio di loro mi offrirono un'arancia, una vecchia una manciata di datteri, e proseguii nella mia perlustrazione della città e, mentre riflettevo su questa mia nomade e fulminea maestria di trasformare un pericolo certo in una fortuna acclamata, capitai sotto un tunnel poco illuminato dove erano accampati altri verdurai e mi apparve *lei*.

Stava rannicchiata dentro una finestra murata, con la testa appoggiata sulle ginocchia che abbracciava e nel primo abbaglio – che la individuò subito di sesso femminile malgrado non ci fossero segni esteriori, anzi, femminile forse proprio per questa totale mancanza di indizi in un nugolo di mosche – mi sembrò un grosso istrice per via della zazzera corta e ispida, e poi un feto cresciuto a dismisura in una placenta pubblica; aveva indosso... addosso... una specie di tunica di juta tutta a brandelli, piedi nudi e lerci che affondavano nella melma degli ortaggi marci, occhi cisposi come quelli di un gatto ammalato, una grossa piaga infetta sulla guancia sinistra, quella che vedevo meglio, e gli occhi erano aperti, ma non sbarrati, e fissi. Sembrava tumulata lì dalla nascita, e colpiva la sua immobilità di terracotta, rotta solo dalla mano che andava a grattarsi forsennatamente lo scalpo, in tutto quel bailamme di carriole e carretti e secchi d'acqua buttati sul passaggio, e gli spruzzi sollevati dalle ramazze che la colpivano; i verdurai, che stavano sbaraccando, non le prestavano alcuna attenzione, né per scacciarla né per canzonarla né per porgerle, che ne so, un frutto o una mano per farla scendere dalla rientranza nel muro; non era solo indifferenza verso un essere umano, era deferenza per una specie di totem che, nella sua edicola, faceva parte del luogo: la deferenza consisteva nell'ignorarla completamente, come se non ci fosse, come se non avesse passato, presente, altro destino che stare lì, in vita grazie a chissà quali poteri soprannaturali e autonomi che non contemplavano il bere, il mangiare, il curarsi, e l'affetto. La cosa... la donna... mi apparve quale punto di non ritorno della disperazione di essere nati per niente, neppure per riconoscere che il peso di cui ti sgravi improvvisamente è un figlio che ti cade a terra fuori dall'utero e quel budello viscido e sanguinolento in cui inciampi sei ancora tu.

Tutto ciò non impiegò più di un attimo a attraversare la mia mente; adesso non ricordo se mi sono arrestato, fosse un solo istante, per guardarla meglio, non credo o forse mi sbaglio, sono però sicuro di non essere entrato nella sua visuale e sono altrettanto sicuro di averlo profondamente desiderato; non mi si è bloccato il passo, ma il cervello sì, perché quella frase che mi è uscita dentro... e che a distanza di ormai cinque anni ricordo alla perfezione come se mi fosse stata scolpita nella retina... ogni tanto viene a farsi ricordare perché la lasci uscire fuori, ma ogni volta invento una scusa per non ricordare quella ragazza senza età e senza sesso e senza sguardo... no, gli occhi erano luminosi pur dietro quella cortina di cispa, senza traiettoria perché non guardavano fuori, non vedevano niente fuori, guardavano dentro, come incantati da una visione che solo la pazzia può tessere all'infinito infinitamente nuova per chi acceca con il suo arcano splendore senza lasciare mai la presa con le sue pupille... sì, era tutto ciò che era fuori di lei a essere come accecato da lei, non lei... e comunque la frase che non voglio mai liberare, che sorse spontanea nell'istante in cui io vedo la figura della reietta... la figura più umana di tutte, il prototipo della donna e dell'uomo insieme, il calco in quella nicchia della mente umana e del corpo umano sperduti sulla faccia della Terra e costretti a convivere nello stupore, nel vaneggiamento di una solitudine assoluta e perciò impossibile tanto mi parve eppure raggiunta... la frase è "Non ti ha amato nessuno, non ti amerà mai più nessuno". E subito dopo, lasciandomi indietro quell'apparizione di dolore e allo stesso tempo di cancellazione di ogni dolore, senza formulare frasi, mi sono chiesto se quel mucchietto di vita umana che pareva un'escrescenza degli ortaggi marci della giornata aveva mai in vita sua, magari da piccola, magari una sola volta, ricevuto una carezza da qualcuno.

Siccome io sono... sono stato, adesso non più... il deficiente che si permette tutti gli slanci che gli trasaliscono e formicolano negli arti, e siccome consegnarsi anima e corpo a uno slancio è come dare, il più delle volte, un consiglio non richiesto, è un gesto di egoismo mascherato di bontà, e siccome qualche mese prima a San Francisco quasi finisco per essere malmenato per strada... la strada sotto l'albergo che avevo prenotato a caso senza sapere neanche in che zona, non un posto dov'ero andato intenzionalmente, e poi che mi frega, un postaccio vale l'altro... perché a mezzanotte, fra prostitute, barboni, magnaccia e spacciatori avevo visto un bambino di nemmeno dieci anni che si dibatteva in tre metri di marciapiede come un coniglio in una tagliola... un bambino terrorizzato, che non dava l'impressione di stare lì d'abitudine, un bambino dentro una circostanza subita dagli adulti, una violenza più forte della sua capacità di resistenza, e questo non me lo sono inventato io... e mi ero fiondato, più terrorizzato di lui al pensiero di cosa poteva succedergli su quel marciapiede, e gli stavo chiedendo dove erano i suoi genitori e se voleva aiuto, se si era perso, le solite cose dell'incauto crocerossino, insomma, e è arrivata una, una drogata bionda che batteva, e mi ha detto, con quella voce strascicata così tipica di chi è fatto ma vuole nasconderlo, che cosa volevo dal bambino e subito dopo, alle mie spiegazioni, che la madre era lei e che lei invece pensava che fossi un pervertito e di smammare mentre faceva un cenno a un nero allampanato e alticcio dall'altra parte della strada e mi sono precipitato dentro l'albergo... be', pensare la frase sull'amore mai ricevuto e che mai questa ragazza riceverà e subito dopo "La carezza te la darò io" e restare bloccato un attimo... sì, mi sono fermato un mezzo secondo, dunque... a un metro da quella zazzera infestata, da quella guancia infetta, con quella carezza che mi infuocava le dita è stato tutt'uno.

Questa frase che si rivolge, ne sono sicuro, direttamente a lei, alla creatura abbracciata a se stessa come un naufrago che costituisce anche tutta la propria zattera di salvataggio, si è disfatta nel tempo, un altro è diventato colui al quale mi rivolgo, è ovvio che ho finito per rivolgermi a me, sfidando ogni senso del ridicolo e della decenza e dell'amor proprio che rampogna.

Memore dell'inconveniente schivato per un pelo a San Francisco, non ho voluto rischiare, non ho voluto rompere il maleficio e quindi le convenzioni che rendevano impossibile darle una carezza, e avrei offeso tutta una casba se le avessi deposto ai piedi il mio sacchetto di mandarini sani come a dire, visto che non ci pensate voi ci penso io, avrei dovuto assolvere il mio slancio, osare, ma non ce l'ho fatta, e quell'immagine... di me che me la batto, che me la batto anche stavolta... quella carezza non data mi si è ritorta contro per anni e adesso non so, dopo aver confessato questa omissione di un gesto di fratellanza, cosa mi capiterà.

È giusto che chi non corre il pericolo di dare una carezza rischiosa tanto è pura non ne riceva mai più una. Anzi, è giusto che non l'abbia mai ricevuta.

Ma poi bisogna sdrammatizzare... ecco quello che ti capita, che anche l'infelicità è, come la disperazione a cui ti aggrappi, un'apparenza che non dura in eterno... e la frase alla ragazza di Fez adesso si riplasma, la carezza non data e non ricevuta si fa allegro sberleffo di ogni compiacente elegia della memoria puttana, diventa già più letteraria, ma non meno palpitante di sangue, e neppur tanto rappreso, la frase dà un colpo di reni e batte ogni vento contrario al suo riassetto, si smantella dalla retina lasciandomi mondo da ogni rimpianto e però anche da ogni senso di colpa, la frase si china sull'orecchio della ragazza di Fez in quella sua nicchia di tufo... e ormai botte di ferro... be', non solo sul suo di orecchio... e si sussurra fuori:

"Ehi, Single, dico a te, svegliati! Se anche è vero che non sei stata amata come un giorno forse sognavi, tranquilla, il peggio è passato: d'ora in poi non ti amerà più nessuno."

Premessa della pre-messa

Io non sto con un piede a sinistra e l'altro a destra e i coglioni al centro solo perché non si sa mai e può sempre tornare utile correre a spostarli dove più conviene.

Io sono un democratico convinto che ha, sì, i suoi gusti, ottimi, ma tiene conto però del diritto al cattivo gusto altrui, e credo che nessuno, io compreso e quindi neppure Dio, debba avere licenza di volere il mondo a sua immagine e somiglianza.

Che io dica che sono contrario alle droghe e all'alcol e alla religione e alla famiglia camicia di forza e al protezionismo commerciale e alla maternità artificiale e alla carne bovina e al circo del calcio e ai prodotti di bellezza e alla moda e alle radio e televisioni cosiddette libere e all'eterosessualità come norma e normativa della sessualità umana adulta fra consenzienti – e contrario al tabacco, anche se fumo – non significa che sia contrario in assoluto solo perché io non ne faccio uso: sono contrario e repressivo per me.

Se si esclude il mio orrore per il turismo sessuale, anche in loco, ai danni di bambini venduti e comprati, per la tratta di ragazzine e ragazzini di tutti i colori, per tutte le neo e striscianti schiavitù dell'essere umano in generale; per la libera commercializzazione delle armi; per lo sfruttamento del lavoro minorile e non; per i finanziamenti statali alla scuola privata; per i servizi segreti troppo segreti; per il revisionismo storico che equipara i carnefici alle loro vittime; per l'esoterismo, l'astrologia, il settarismo, la massoneria e in generale per ogni clan di casalinghe di tutti i sessi capeggiate da un guru indiano; per l'abuso edilizio e la privatizzazione del suolo del demanio; per l'incendio dei boschi a opera dei forestali e di mandanti dell'edilizia selvaggia; per l'espianto violento e spesso criminale di organi umani; per l'abolizione del falso in bilancio e delle tasse sulle eredità; per gli astronomici stipendi dei politici e le pensioni d'oro per loro e d'argento per gli statali (di trenta milioni di media annuali contro i dodici di media per il lavoratore comune di pari livello); per l'abolizione dei contributi volontari sostituiti con la pensione privata (privata della pensione, tie') presso le assicurazioni private, e meglio ancora se di proprietà di qualche rappresentante del parlamento; per la politicizzazione dei giudici e dei processi; per l'impretimento e il baciapilismo sempre più supini degli organi istituzionali; per l'impunibilità di ogni Principe e dei corrotti di Stato; per il colpo di spugna contro i crimini del passato, come se il tempo potesse mai fare le veci del perseguimento giuridico e della certezza della pena infine inflitta, e se si esclude il mio orrore per un'altra dozzina di quisquilie di questo genere circa l'ordine e il bene pubblici, mai e poi mai andrei a ledere, legislativamente e giuridicamente e poliziescamente, i vezzi in corso delle masse allo sbando chiamati necessità elementari e addirittura diritti civili.

Ognuno ha, come i ricordi e relativa mancanza di memoria, i diritti civili che si merita: diamogli anche quelli che *secondo me* non si merita. Non finirà di maledirsi per incauto diritto civile strappato, anzi, graziosamente concesso.

Essere generosi con gli stupidi è un modo come un altro per punirli e rimetterli per sempre al loro posto.

È anche per questa ragione che, per fare un esempio, sono personalmente contrario alle droghe e al contempo politicamente del tutto favorevole alla loro liberalizzazione, ci mancherebbe altro: i tossicodipendenti me li troverei dal tabaccaio, e non a letto quando è troppo tardi per riconoscerli e schivarli. Io non sono il doppio di una pera anche se ho il picciolo.

La mia specialità non è il potere e la morte, e quindi la demagogia sul passato e il futuro, la mia specialità è l'attimo che fugge, a me come a tutti, in questo preciso istante, e perciò la comprensione delle umane cose, cioè la democrazia e la strenua difesa della società civile, anche contro se stessa. In altre parole: la mia specialità è la poesia di questo grande, unico successo di essere nati tutti assieme in un dato tempo, ognuno persona con pari e inalienabile proprietà individuale e sociale.

Non è un paradosso, né tanto meno un'ipocrisia vincente dell'ultima ora, il fatto che la stessa Chiesa cattolica riceverebbe più rispetto – e più finanziamenti, non fosse che per la conservazione delle opere d'arte che attirano in Italia miliardi di miliardi in turismo internazionale – dal morso che politicamente le metterei io, anticlericale duro e puro, che non da tutti quei ruffiani di cattocomunisti e di cattofascisti che se ne puliscono il culo a briglia sciolta.

La mia grandezza, assoluta senza essere banale, sta nel fatto che non sono io il centro del mondo, ma che è il mondo a essere il mio centro. Quando devo giudicarlo, mi fido più del giudizio che darebbe lui di me che non di quello che posso dare io di lui.

Io sono la misura di tutte le cose che hanno il diritto e il dovere di avere la loro misura a prescindere dalla mia.

I verdetti inappellabili e indelebili li marchio solo sulla mia pelle. Sulla pelle altrui, niente che non si possa cancellare o non vada via da sé, non ho la stoffa, né la stucchevolezza, del nichilista un tanto a apocalisse, scrivo solo promemoria per spintarelle e pizzicotti a inchiostro molto simpatico, decalcomanie innocenti, fuggevoli e prive di ogni tossicità come quelle che fino a ieri gli scolaretti potevano trovare dalla signorina Liala dell'omonima cartoleria.

Il messaggio con me è che finalmente se ne può fare a meno.

Pre-messa

Il Single è soltanto l'esule da una coppia o da una famiglia – un vero e proprio "esule dal cielo", un dannato della Terra – che sta aspettando di essere traghettato su un'altra?

Forse lo era fino all'apparizione del qui ormai presente galateo della solitudine.

Questo manuale ha un'origine forse antecedente a tutti gli altri che sono andato scrivendo dal 1994 all'altro ieri e, anche se non riesco a collocare nel tempo la sua scintilla pristina, ricordo alla perfezione dove e ciò che la provocò, e fu una scintilla di rabbia, forse di tristezza, di sicuro di ribellione – e nella ribellione gioca un ruolo più determinante la sfibrante tristezza a occhio sbarrato di dover impegnarsi sempre nelle stesse battaglie che non la rabbia cieca e ritemprante di chi si illude di cimentarsi in una lotta nuova di zecca.

Il romanzo *A Single Man* di Christopher Isherwood apparve in traduzione italiana nel 1991 e il titolo che gli diede Villa (non Claudio il cantante, già morto da un pezzo, ma Villa il traduttore, un altro per il quale la mozione dei sentimenti è la più dura a morire) è *Un uomo solo.*

No, un uomo single non è un uomo solo, è, semmai, un uomo *da* solo. Io, pensai guardando le fedi al dito in libreria e tornando a rabbrividire su quel titolo infausto e menzognero, non sono più solo di te che hai moglie o marito e figli e una caterva di trans del sabato quando lei ha l'emicrania o di idraulici della domenica per sollazzarti il viadotto quando lui è allo stadio. Se poi sono anche solo, la cosa non ti riguarda, non ti *deve* riguardare: per te, o marito/moglie tutto d'un istituzionalizzato pezzo con tutti i tuoi pezzetti di ricambio per mano e sottomano, io sono giuridicamente e civilmente e fiscalmente un uomo da solo, rappresento le fondamenta di ogni possibile civilizzazione e civiltà fuori della barbarie. Io, da solo, ai fini dell'emancipazione dalla clava e dal cannibalismo, valgo più di te, mostro a due teste.

E te lo dimostrerò, ti dimostrerò che so starci, da solo, senza neppure troppi sforzi di equilibrismo psichico, erotico e sociale per non franare nel vittimismo e nella depressione come speri mi accada per non sentirti messo in crisi tu; ti dimostrerò che non ho nulla da invidiare a te e tu nulla da compatire in me, e poiché in queste cose non conta niente essere sinceri o no, basta essere coerenti, sarò veritiero fino in fondo: non ti darò mai un solo pretesto per prendermi con le mani nel sacco – nel sacco dei tuoi valori – e smentirmi. Tu, appaiato, non sei il Modello Unico e, per come ti conosco, neppure il tipo di compagnia che dovrebbe permetterti di farti sentire, neppure per salvare le apparenze, meno solo di me solo perché non sei da solo come me. Puntini sulle i per puntini sulle i...

Tanto per cominciare, mettiamo un solo puntino su questa i e diciamo che una i non è la menomazione di una ï, i è una lettera a sé stante, preziosa, unica, necessaria, autosufficiente e significante e significativa senz'altro orpello, i è già metà di io e non va accresciuta di alcuna mezza tonalità per darle suono *proprio* sfigurandola. A nessun letterato verrebbe mai in mente di considerare una dieresi il segno distintivo per eccellenza, il connotato primo di ogni altro segno a discendere: perché invece a chiunque altro pare strano o sospetto – o non abbastanza *archetipo* sociale – l'individuo solo sui suoi stessi due piedi che non vuole stampella perché è perfetto così? Perché chiunque di noi tutti viene considerato e si considera spaiato e claudicante e toccato dalla vergogna se si regge e cammina coi suoi soli due piedi e non con almeno quattro di cui due in prestito e due imprestati sicché di propri non gliene rimane più nemmeno uno?

Quanta gente che va in giro eretta per niente! E molta di più ancora quella che cammina a braccetto a testa alta e che fa il paio con qualcuno strisciando rasoterra gomito a gomito: siccome non ce la fanno a stare dritti da soli nemmeno se in due, cercano di trascinare nel fango anche te se osi starci senza appoggiarti a nessuno.

Quell'infausto titolo italiano per il romanzo di Isherwood, lesivo del senso dell'opera, da solo dice quanto sia difficile, anche per i più colti, non tradurre automaticamente uno stato di solitarietà, ovvero stato civile di chi vive da solo, in uno di solitudine, e attribuire a una mancanza di scelta ogni scelta dell'individuo non incasellabile rispetto alla coppia e alla famiglia a carretta di Dio & Patria e *compagnia* bella. Come se – parimenti con l'obbrobrioso e ridicolo concetto di normalità – tenere famiglia fosse l'unico punto di fuga per rovinarsi l'esistenza col dovuto decoro!

In questa titolazione arbitraria vidi tutta la violenza, con la sua supponente nonchalance di dogma universalistico dato per scontato, di un'ideologia del sistema parentale per cui o sei un affiliato del clan e perduri quale parente di famiglia (e mai come individuo e men che meno come cittadino) o non sei nessuno – sei, appunto, un uomo non da solo ma un uomo solo, abbandonato, emarginato, un campione fallato, un povero... e non vorrei mai dirlo io... cristo, un cristo deficiente che sale da solo sulla sua croce e da solo si martella i chiodi nella carne allorché potrebbe dare la colpa all'altro col semplice espediente di qualche bomboniera e un sì.

Si ribadisce da millenni, nella retorica elettorale e parlamentare a uso dei fessi da impaurire e assoggettare, che la famiglia è la cellula della società, senza specificare che è sì, la cellula, ma non della società civile, bensì della società criminale, della società incivile per eccellenza, cioè di tutte le società fondate non sull'individuo ma sulla famiglia. Il tenere famiglia corrisponde da sempre all'ottenere licenza di delinquere: per il bene dei propri cari si persegue il male dei cari solo altrui.

La cellula prima della società civile, che lo si voglia ammettere o no, è l'individuo retto, probo, coscienzioso, che pone un limite al suo egoismo e al suo istinto predatorio, uno che, producendo migliori esempi dei suoi programmi di intenti, col suo lavoro e la sua serietà coopera alla crescita e allo sviluppo della giustizia in tutti i suoi aspetti distributivi delle risorse esistenti di coltura e di cultura e che se sbaglia paga, e doppiamente paga perché non difeso da alcun sistema di appartenenza famigliare che attutisca e infine neutralizzi i suoi sbagli personali e i suoi crimini contro la società.

Solo su un simile individuo si fonda la società dei giusti, se giusti sono, e che è sfondata poi dall'istituto della famiglia, che è sempre, ripeto, una associazione a delinquere. Perché la famiglia altro non è che il sistema protettivo che fa quadrato attorno al parente fuorilegge che spesso delinque per farla trionfare. E su altre famiglie parimenti di delinquenti, seppur non abbastanza delinquenti come quella che trionfa, e su tutti gli individui *da* soli che siano etichettati, quali bersagli indifesi su cui fare centro, *soli*, senza nessuno attorno che li proteggerà nemmeno se innocenti: un uomo solo è un colpevole a colpo sicuro.

L'uomo e la donna da soli non devono mai e poi mai permettere a alcuno di sovrapporre al loro stato civile e sentimentale di *persona da sola* (e di nucleo in sé di società civile) lo stato incivile del più forte perché associato che li assimila a persone facilmente attaccabili e eliminabili perché *sole*.

Un uomo da solo è un uomo agguerrito, pieno di risorse impensate, di fierezza inaudita, di ferrea coordinazione dentro-fuori del principio di realtà, perché sente e sa di essere il re detronizzato da una masnada di fittavoli isterici che scambiano il tinello in cui fanno consorteria per la sala del trono e del consiglio, primo e ultimo.

Il sentimento principe di un uomo da solo è e deve essere un pensiero marziale, di guerra senza tregua a chi, dopo averlo detronizzato, lo vuole anche far fuori. Senza questo sentimento sociale di stare pronti all'attacco in ogni istante per mantenere la difesa al minimo anche quando non ci sembra necessario, ogni intimo sentimento d'amore per qualcuno che ci ricambi resta una chimera, avvolti anima e corpo attorno a una borsa dell'acqua calda riempita il giorno prima. Meglio attaccare una volta in più per errore che essere colti una sola volta con le armi abbassate: è faticoso, lo so, ma un Single che si arrende alla pace è un uomo morto. La pace non è affare suo ma degli altri fra loro: e la raggiungono di preferenza immolando lui.

Se, o Single, la nostalgia e il rimpianto prevalgono e quale spalla su cui piangere ti accontenti della spalliera del letto a due piazze disabitato anche in quella che ti compete, tanto a volte ti sentiamo smaterializzato e evaporato fuori dal tuo corpo, vuol dire che ormai è venuta l'ora di affilare la spada e di indossare la tua più splendente corazza e andare all'assalto. Ripristinare i ruoli di chi è suddito e di chi è re, raddrizzare i torti subiti nei quali ti compiaci, ritradurre il titolo fedele all'originale, l'unico, noi, un uomo, una donna, l'individuo da solo: un vero esercito, e non soltanto in senso figurato e al cui senso figurato contribuisca il sapere che siamo milioni, e sei milioni solo in Italia, e che rappresentiamo una forza elettorale appena seconda rispetto a tutte le altre numericamente preminenti.

Perché la differenza fra essere un uomo solo e un uomo da solo è strategicamente abissale: un uomo solo lo abbatti quando vuoi, un uomo da solo non sai mai quanti soldati schiera dietro l'ultimo che hai appena abbattuto. Per non parlare delle amazzoni di lei, la mia perfetta Single agguerrita fino ai denti (ma mi raccomando: niente protesi di porcellana con l'anima di acciaio *lì*).

Ehilà, uomo da solo, ehilà, donna da sola, la vita non sta in un album di nozze!

Intanto per voi ci sono io, e poi se siamo soli o no sono e cazzi nostri e fighe nostre e di nessun altro. Al gregario di famiglia in agguato contro il senza famiglia direi: non contarci troppo di cogliermi solo seppur da solo, potresti avere delle sorprese cattive o buone come nessun clan del sangue potrebbe mai riservarti. Se non ti faccio fuori in un boccone, è più facile che passi tu sulla mia sponda che io sulla tua.

Le persone sole da sole o da sole senza essere sole – diritto alla privacy, nevvero – pensino che anche i soli suoni hanno talvolta una loro alchimia più propensa a irradiare luce e calore e vita che non tenebra e freddo e parole crociate o crociere per Single sulla scia del pentimento.

Inoltre, per incontrare qualcuno che resti con te e che ti consideri degno di restare con lui o con lei, non sarà certo facendo affidamento sul tuo bisogno di compagnia che riuscirai nell'intento. Le persone da sole possono anche decidere di trovare compagnia o può capitare loro di trovarla anche in pianta stabile, ma quelle sole che dicono di essere e di sentirsi sole non hanno altro destino che trovare la luna nel pozzo – o un disgraziato in pianta stabile come loro incapace di far buttare il benché minimo germoglio di compagnia.

E due. Sotto ai prossimi due!

Chi ci può amare non amerà mai di noi la persona sola: se a questa persona sola non sappiamo mettere a fianco, prima di pretendere di trovarla in un altro, la persona ben salda in compagnia di se stessa, il fiasco e l'inganno (spesso senza neppure il beneficio e il sollievo del disinganno) saranno i suoi testimoni di nozze o di convivenza.

E se poi... detto tra noi, e io sono una tomba... un Single da solo è solo e se ne duole? Se, insomma, la solitudine è proprio tanta e gli pesa da morire?

Attieniti a un solo principio: negare e negare e poi ancora negare.

Non è facile diventare perfetti se uno non sa e non vuole esserlo già prima ancora di cominciare a diventarlo. Proibisco di continuare la lettura di questo manuale al Single e alla Single che dichiarano la loro solitudine con la stessa patetica disinvoltura con cui accarezzano i figli e i cani e le angurie nella ghiacciaia dei loro vicini di ombrellone.

Vorrei con questo libro dare umilmente il mio contributo al superamento del complesso della famiglia e della famiglia.

Chi è e chi non è Single

Per tua tranquillità, sappi, o tu che leggi, che ogni argomento verrà trattato talvolta dal punto di vista del Single, talaltra da quello della Single, proprio per non fare confusioni poiché ben poco hanno in comune una vita da solo e una vita da sola. Giocoforza devo debuttare usando il neutro, e quindi il maschile, per lanciare alcune considerazioni generali dove si tiene poco o niente conto della specificità maschile o femminile, proprio come sugli odierni viali del vizio.

Il Single perfetto è colui che è... che idealmente sarebbe... Single senza sapere di esserlo quindi non esiste.

A un Single che non sa di esserlo, non passerebbe neppure per la mente di essere diverso dal Single che è, cioè un *double* in potenza o un *double* mancato, cioè il doppio di uno, che spesso non è che un uno al cubo o un superfluo doppione; questo tanto perfetto quanto ignaro Single non si sentirebbe spaiato e quindi intimamente e socialmente menomato; non aspirerebbe a cambiare la propria situazione civile e dimensione sentimentale e, da Single indipendente, a diventare accoppiato o coniugato, cioè dipendente da un ex Single come lui.

Devo quindi ribaltare la prospettiva antropologica per dare sussistenza all'essenza del perfetto Single e fare un'ipotesi: Single è colui/colei che non si rassegna a esserlo? che si sente infelice di esserlo? che ha la sofferente consapevolezza di una cesura nell'esserlo? E che meno si rassegna a essere il Single che è, più Single è e rimane?

Tutto ciò è esagerato anche per me e toglie quel poco di dignità che in genere si riconosce a chi vive da solo, dignità che è prossima alla compassione e che la madre e il padre di famiglia del Single di solito riassumono così, «Poverina! Chi penserà a lei quando sarà vecchia!», «Poverino! Quale nuora penserà a noi quando saremo vecchi?». Ma questa ipotesi di lavoro è più vicina alla percentuale dei Single – che al di là di tutte le ipocrisie da amor proprio e da finto orgoglio vogliono trovare qualcuno per rompere la propria singletudine ridotta a spuria solitudine passiva – che non a quella percentuale di Single che persegue metodicamente la propria solitarietà e la difende a spada tratta da ogni ingerenza e sirena e ricatto affinché si rinneghi e si accoppi. In modo vincente o perdente o di facciata non importa, basta che infine accoppiata sia.

Rari sono i Single coscienziosi che davanti alla prova del fuoco – dell'amore spassionato perché galvanizzato dal miraggio delle bollette luce-acqua-gas e spese condominiali da poter condividere – superano ogni malia da convivenza e che facendosi forza vincono la tentazione di tradire ogni loro sodale e se stessi unendo due brande in sé meravigliose una per una per farne un passabile letto matrimoniale.

E, a parte ciò che è o non è Single perfetto nella sua essenza, mi chiedo se, per esempio, vada considerato Single solo colui/colei che non ha un coniuge o un fidanzato o un amante con cui fare coppia; se, cioè, possa considerarsi davvero Single una donna separata con figli a carico solo perché al momento non ha un amico intimo, o se è davvero Single un uomo che sia andato a vivere da solo, pur senza esservi stato spinto da chicchessia, lasciandosi alle spalle una famiglia e una casa da mantenere; perché, se così fosse, allora Single o lo siamo o lo stiamo per diventare tutti e tutte.

In verità, il Single è molto meno solo e da solo di quanto salti all'occhio a uno sguardo generico: perché quasi mai è perfettamente mondo dai fantasmi e del passato e del presente, vere e proprie persone e bocche da sfamare che lo legano, lo impegnano, lo vincolano, lo ricattano, lo ipotecano e di fatto lo tengono lontano – senza che lui/lei se ne renda conto – dalla possibilità concreta di cominciare una vita, e non dico a due, nemmeno da solo.

La vita di un Single di media qualità esistenziale e di medio standard sociale è già a due comunque: lui/lei e un fantasma principale, ovvero un fantasma quale principale.

Quindi il Single perfetto è di per sé imperfetto? È cioè molto meno Single di quanto si presupponga e di quanto lui/lei presupponga di sé? L'essenza del Single, più che un essere e un esserlo già, è un divenire?

Sì, e inesorabile.

Quindi non il Single può essere mai perfetto ma l'inesorabilità del suo divenirlo, Single, e spesso a torto e in maniera imperfetta, subdola, pessimista, succhiando di questa muta solo il fiele, mai il miele che pure c'è e in abbondanza.

Come rendere perfetta questa inesorabilità del ritrovarsi da soli e renderla non una pena infinita ma una gioia fatta e finita, appena si può e di volta in volta, pena per pena, sacrificio per sacrificio, risata per risata, sospiro per sospiro, è dunque l'argomento di questo manuale.

Siccome sono per natura abbastanza istrionico per mascherarmi da malinconico, ho in sospetto l'ironia che invece di svellere i problemi li camuffa: pertanto questo è un vademecum del vivente e del suo dolore per quel che è e gli appare.

Ci sarà da ridere, forse.

La rugiada della solitudine

L'incendio e la pioggia e il fulmine col suo colpo saranno anche i grandi ricordi di uno stelo d'erba – o di una quercia che dir si voglia – ma la sua garanzia di vita... la garanzia che avrà abbastanza vita per ricordarsene, semmai... è la rugiada che gli si prepara a ogni risveglio.

Ci sarà la passione che infiamma e devasta e la disillusione che raffredda e placa e l'estasi subitanea dello spezzarsi improvviso di nuovo... di *farsi in due*... sull'eco del tuono, ma la rugiada dell'essere umano, la sua linfa puntuale e fedele e costante, è la solitudine.

Sembra essa esterna alla terra, al cielo e alle radici, ma è la sua vera acqua. È la pellicola prima e ultima che irrora l'essere umano sia che si trovi a svettare fra le fronde della mondanità e dell'accoglienza e della parentela sia acquattato nel sottobosco della dimenticanza e dell'abbandono e dell'isolamento.

La solitudine non crea ricordi, a parte quelli che si immagina in un futuro per farsi forza se la mente che la presiede perdura debole, vacillante, sognatrice, velleitaria e truccata fra sé e sé e contro di sé, una mente che vive la solitudine esistenziale come stato di costrizione, di inferiorità, di vergogna, di diminuzione umana e sociale, come stadio momentaneo di crisi da superare, e con i comportamenti maniacali e mitomani e autopunitivi di chi apprezza solo ciò che verrà e non è suo e disprezza tutto ciò che è già venuto e che suo è ma che fa finta non gli appartenga e non sia degno delle sue aspettative e ambizioni e sogni, sogni, sogni.

Ma chi calpesta la propria solitudine calpesta allo stesso tempo la compagnia di qualcuno ora e in futuro; chi non è grato a se stesso per la solitudine che si presta non potrà mai essere grato a qualcuno per la compagnia che gli fa.

Io sono grato alla mia solitudine, come sono grato alla mia omosessualità, alla mia sordità congenita, all'infiammazione al testicolo sinistro, alla mia infanzia di una strana, matura infelicità, alla mia gioventù brada e disperata e mitomane in cui cercavo di colmare il vuoto d'affetto con un pieno di ossessione sessuale (non l'ho colmato, ma quanto ho scopato, quanto! e tanto che se ritornassi indietro e potessi scegliere, sceglierei ancora un'infanzia infelice viste le oblianti, estasiate conseguenze a ogni angolo del mondo e delle sue strade, ascensori, cespugli, stalle, argini di fiumi, caserme, capanne, deserti, suite), grato alla mia vecchiaia incipiente e perfino all'amore che non mi è stato corrisposto, ai desideri che non conosco e che non avrò mai, e grato ai desideri che forse allignano in me senza che io li possa individuare davvero mai più, grato al finale più roseo di tutti, la morte e la liberazione da questa cultura della bistecca, sia essa bovina o umana, con l'osso o l'ossobuco, e tutto sommato un onesto manuale del perfetto Single è un prontuario per sviluppare questa gratitudine per sé di ora in ora e di decennio in decennio senza franare sotto il mantice della disistima di sé, senza diventare i traditori di se stessi pronti, per un buffetto o un confetto, a darsi in pasto ai Valori famigliari nemici di ogni valore dell'individuo senz'altro specchio sociale che quello per radersi o passarsi la cipria.

Occorrono almeno vent'anni di metodica e capillare solitarietà – senza intervalli di convivenza, senza cordoni ombelicali da tagliare in giro – per capire che non si è perso niente a non mettere su famiglia e a non procreare battesimandi e che molto di più hanno perso coloro che non hanno avuto la stessa fortuna e sorte, cioè la stessa volontà e capacità di vivere da soli senza l'isterica fisima del "bagaglio da trasmettere" al discendente in Terra da parte dell'ascendente al Cielo, risparmiando così a una Terra smunta e stanchissima e disumanamente sovrappopolata il peso dei micidiali stronzi di un ennesimo onnivoro alla fame.

Perché c'è una occulta determinazione a stare da soli anche in chi professa la propria voglia di stare in due, non credere, o Single ancora imperfetto con la fregola dell'anima gemella che come te sta vagolando per incontrarsi; non credere alle parole che dici o che ascolti, non credere neppure ai tuoi sogni a occhi aperti inoculatiti dal sistema della romanticheria griffata delle cenette a lume di candela e delle bomboniere: magari lo ignori del tutto, ma a te di metterti con qualcuno non va né poco né tanto, e né ora né allora né mai.

Sì, ci pensi, e ti balocchi col pensiero dell'uomo per te e della donna per te e sospiri come sarebbe bello rientrare e trovare qualcuno a aspettarti che non sia uno scarafaggio spaventato dalla luce o un avviso giudiziario per una multa non pagata che hai pagato ma facendo cifra tonda (in eccesso) e che quindi il computer del comando di polizia non ha registrato! Questo strologare sulla presenza che non c'è lo puoi fare fino a quarant'anni ma non un istante di più. Devi sapere, se già non lo sai, che tutta la congerie di quelle immagini *rosa* è solo una sottile manfrina che ti permetti per gongolare una volta di più del tuo definitivo trionfo di Single sulle sorti dei comuni mortali, te compreso.

Tu credi che i ricordi che ti lasciano i matrimoni e i figli e i divorzi siano di lega superiore a quella dei ricordi che ti lasciano i funerali? Perché credi che si debbano avere determinati ricordi *di famiglia* per sentirsi in pace con la necessità di esercitare una memoria? Loro consanguinei e conviventi avranno i loro e tu, sangue del solo tuo sangue, i tuoi: i ricordi dei vicini non sono mai più vivi dei tuoi, sappilo. Se non fosse grazie alla macchina fotografica con cui a vicenda si imbalsamano dalla culla alla bara, i tuoi vicini vincerebbero il primo premio quale Smemorante dell'Anno Domini.

Invecchiando da solo, se mi sforzo di interpretare i fantasmi della mia memoria e degli eventi che l'hanno segnata, noto che non giungo a più di una serie di mazzi di fiori che mi sono comprato e ho sistemato nel vaso da me; allorché mi concentro sulle persone che hanno costellato la mia esistenza e la mia produzione di sentimenti, non riesco a scorgere un vero individuo da catarsi o da cataclisma – qualcuno che piomba nella tua vita e la sconvolge e le fa cambiare indirizzo e senso –, ma un tot di figure in un ambiente o per chilometro quadrato. Se ne tralascio qualcuna è perché, allo stesso modo, posso averne inserita qualcun'altra in più che lì non c'entrava niente e il ricordo non cambia.

Sono reminiscenze di atmosfere che hanno dato corpo a esseri umani, non di esseri umani che abbiano dato corpo a atmosfere. Potevano essere anche altri invece di quelli, ma sia quelli che ci sono stati sia quelli che avrebbero potuto prendere il loro posto sono avvertiti dalla mia memoria come altrettanto preziosi nel loro essere superflui a pari merito. E sono felice di questa mia mancanza di ricordi *dovuti*, familisti e generazionali. Ho i ricordi che mi competono e sono fiero di essere stato così bravo da non permettere a nessuno di sovrapporre i suoi, quale modello esemplare del ricordo tipo da avere, ai miei per quello che sono e costituiscono: la visione della mia singolarità poetica irradiata dalla mia individualità sociale.

Io non morirò lasciandomi dietro un album di famiglia come unica testimonianza che anch'io ho vissuto: ho vissuto e basta, io.

Non avrei condiviso la mia vita con nessuno di coloro di cui mi sono innamorato e che mi hanno respinto, lo so, e non a lungo comunque, e sono loro grato nel pensiero di avermi detto di no perché, se mi avessero detto di sì, mi sarei trovato con le spalle al muro: avrei dovuto al più presto trovare una scusa per sbarazzarli di me, perché io sono fatto per stare da solo e, in verità, non ho mai voluto il fardello accanto a me né di uomo né di donna né di cane che mi tenesse al guinzaglio; ho convissuto due volte in tutta la mia vita e entrambe con donne, mi sembrava di farlo per convenienza e in mancanza di meglio e perché volevo, come tutti i senza famiglia, che ci fosse qualcuno che mi volesse e anche per curiosità, non di loro, ma di me, per conoscere i miei effettivi desideri sociali e comunitari: è per questo che ho resistito alcuni mesi, perché si trattava di coabitazioni subite, di strisciante e avviluppante violenza. Fosse dipeso dal mio istinto omicida e dal mio porco comodo, mi sarei liberato di entrambe le donne dopo ventiquattro ore, che è anche il tempo massimo che ho speso a fianco di un uomo, un pompiere, che comunque ne aveva spese otto per il turno di notte.

La maggior parte dei legami dura se sei così bravo a fartene legare con la forza e gli obblighi e le convenzioni: dura il tempo che impieghi a tagliare gli spaghi e la corda. Quindi, se hai denti poco aguzzi, spesso per sempre.

Single si nasce, e io nacqui perfetto Single.

Non basta sentirsi soli per sentirsi Single al punto di volerlo o poterlo diventare davvero, anzi.

Chi insiste nel sentirsi e nel considerarsi solo pur se circondato da una folla di figli, coniugi, amanti, fidanzati, amici, non sarà mai Single né se esce da una famiglia né se entra in un'altra – né se va a vivere solo da solo.

Poiché chi è da solo, e solo per questo si sente solo, è solo un povero diavolo pronto a stare con qualcuno soltanto per togliergli anche la compagnia che si faceva senza di lui.

Ci sono sciami di vampiri di solitudine che volteggiano sui monolocali da dove non echeggia mai né un vagito né lo schianto di un piatto contro la parete né lo scroscio di un bidè per finta: incapaci di stare da soli e spaventati al pensiero di incontrarsi in uno specchio e non trovarvi alcuna immagine riflessa, succhiano la tua solitudine per cibarsene segretamente e togliere te a te stesso, dissanguandoti con la scusa di starti vicino senza di fatto esserci mai – se non con quei loro canini subliminali che ti si impiantano alla sorgente stessa del tuo saper stare tutto sommato in piedi da solo e che limano di ora in ora la tua capacità a startene da solo senza infierire, senza causare lacrime e senza lamentartene, talvolta anzi godendone spudoratamente.

I vampiri della finta compagnia sottraggono solitudine dopo solitudine per vincere e allo stesso tempo corroborare la loro paura del vuoto irreversibile che sono: deformano te, loro non cambiano mai, anche se te lo fanno credere e spergiurano di poter cambiare col tuo aiuto, la forza della tua dignitosa solitudine.

Ti scavano la fossa dentro... in fondo alla quale tu diventerai inconoscibile e forestiero a te stesso, sotterrato... mentre posano la loro mano sulla tua: una carezza, un colpo di piccone. Recidono te da te con l'aria di piantare un seme o di innestare due radici in una.

E contano sul fatto che presto ti diventeranno necessari come l'aria che respiri: quando non avrai più alcuna solitudine da offrire al loro appetito insaziabile, quando sarai cavo della loro finta compagnia e li cercherai implorandoli di starti vicino non solo nella tenebra, la loro ennesima carezza servirà per accantonarti e passare alla prossima ricca vittima da disseccare, da rendere aliena a se stessa, da portare al patetismo e alla demenza, da svuotare come una zucca per la festa di Halloween della loro seducente crudeltà di spettri bisognosi del prezioso plasma della tua solitudine nella dignità.

Essi non sopportano il tuo saper attendere alba dopo alba senza svenderti al primo tramonto.

Tanto ti svenderai lo stesso, e in un momento qualsiasi che se ne impipa di ogni canonico crepuscolo.

Magari ti butterai via di tardo pomeriggio, diciamo alle cinque, verso l'ora di quel tè che non hai mai preso; ti darai in saldo perché non ne vedevi l'ora e stavi pensando che non solo il pomeriggio era tardo, ma anche tu, e ti sei detta "Sveglia!" e sei diventata solubile all'istante come un'essenza di terz'ordine al primo cucchiaino che girava lì fra le chicchere esibendo la sua zolletta di zucchero in offerta speciale.*

Ecco: prima ancora di dire chi è un Single, direi che il perfetto Single non è uno o una "che non vedeva l'ora" di non esserlo più.

Se non gli sono cari i minuti primi e ogni minuto secondo in cui è Single da Single orgoglioso del suo esserlo in vita duri quel che duri, sarà presto appaiato in men che non si dica: e umiliato a morte, e solo in due.

---

* Daccapo, non badare tanto alle facili simbologie del maschile e del femminile: oggigiorno non c'è più genere che tenga né genere che si attenga a un genere e tanto meno al suo.

Brina con gelata

La vera, devastante solitudine non è di chi è solo da solo con se stesso, ma di chi è in due e dispera di poter essere di nuovo solo da solo.

Il sentimento della solitudine riguarda ogni essere umano indistintamente ma più di ogni altro colui e colei già vincolati, compromessi, impegnati, sposati, già *insieme*: qua non si tratta più di rugiada, si tratta di brina e poi di una gelata improvvisa che brucia ogni germoglio, ogni bocciolo, ogni messe.

Desiderare di sciogliersi da un legame affettivo o giuridico per assaporare la libertà – la solitudine della libertà e la libertà della solitudine – o desiderare di avere un legame affettivo o addirittura giuridico per sfuggire alla solitudine come schiavitù non rientra affatto nelle prerogative o negli ideali vuoi di un aspirante Single vuoi di un Single di fatto.

Età della stupidera contro età della ragione

A che età ci si può considerare Single? Fino a pochi decenni fa, una ragazza che non si fosse sposata entro i ventiquattro era considerata già *zitella*, e *putto*, da "pulzello", un uomo a trent'anni che non avesse detto almeno un sì davanti all'altare. Ma oggi, che a trentacinque si chiede ancora il permesso ai genitori di rientrare dopo mezzanotte?

Tracciamo dunque una linea fra l'età della possibilità (che non per niente è sinonimo di potenza) e quella della realtà: oggi non si è Single prima dei quaranta, quaranta è bisessualmente l'età considerata di passaggio dall'opinabile – matrimonio, figli, separazioni, divorzi, famiglie allargate o sterminate, viaggi per dimenticare – al necessario: girarsi finalmente i pollici senza nessuno intorno che te lo faccia notare.

Prima dei quaranta si è ancora alla ricerca dell'anima, e ridài, gemella o, quale unico segno sociale di appartenenza, sei dei Gemelli e basta, dopo i quaranta non sai mai se la sera prima hai scopato con Piero e con Giovanna, gemelli, e neppure te ne importa un fico secco. Tanto, se prima pagavi uno e prendevi due, adesso li paghi tutti e due e nessuno è più Piero di quanto non lo sia Giovanna, nel senso che nessuno dei due scopa te ma entrambi si scopano a vicenda *tramite* te.

Da notare che non sono gemelli monozigoti e l'uno sembra un apache dallo sguardo di falco e l'altro sua sorella squaw, e strabica.

A quaranta, se ti è rimasto un *bite* di sensibilità, cominci a sentire che non c'è una grande differenza fra l'essere insieme e lo stare da soli o almeno che non c'è alcuna differenza fra lo stare del tutto assieme e da soli appena appena: sono due pendagli della stessa forca, e della stessa solitudine dell'impiccato. Costui si regge a qualcuno, come no, ma intanto si strangola tutto da solo senza neppure essere né da solo né in compagnia di qualcuno che gli dia quel benedetto calcio allo sgabello e faccia sentire che, anche se non c'è mai o se c'è fin troppo, per un attimo almeno c'era quanto occorreva.

Tant'è vero che, quando lui c'è stato, cessavi di esserci tu.

L'amore ti si manifesta quando ti decidi a dare l'ultimo rantolo, peccato. E devi pure essergli grato per la fatica che gli è costata tirartelo fuori, quel rantolo.

A quaranta lo steccato del passato è del tutto innalzato, adolescenza, gioventù, prima *maturità*, tutto alle spalle, ora si procede tentoni e finalmente non sai dove stai andando a parare, e ti senti bene, ti senti *libero*...

È singolare come, finita l'età dell'avventura, si cominci a pensare all'avventura senza età, e la si pianifichi. Purtroppo per i programmatori di esistenza, l'avventura c'è quando c'è stata e non sapevi che la stavi vivendo. Pensare di forgiare avventure a tavolino è come pretendere di far scaturire una fiamma ossidrica grattugiando ghiaccio o di distillare tamarindo dalla piorrea.

Il Single debuttante è anche questa cosa qui: si illude che la libertà, sempre ritrovata per chiunque non ne abbia mai neppure avuto sentore prima, sia un'avventura fatta di follie, follie, e balene bianche all'orizzonte di aperti oceani; invece è uno schema ripetitivo di sardine in scatola contro il fondale di una pastasciutta riscaldata, una finestra con la griglia che ti mostra il cielo solo allontanandotelo o concedendotelo uno scacco per volta.

La libertà, cioè il cielo alla tua portata, devi mettercela tu ora più che mai, non arriva da sola solo perché adesso sei da solo. Essa non si ritrova come un ombrello dimenticato con certezza in un posto certo, la libertà si inventa di sana pianta: se non l'avevi prima, come dire, da schiavo, non l'avrai nemmeno ora da libero.

Hai solo cambiato padrone, ora saresti padrone di te stesso, volendo, e questo non significa che non ci siano cartellini da timbrare nella più assoluta delle puntualità con te e gli altri. La libertà non si improvvisa: come l'innocenza e la purezza, richiede il suo tirocinio, il suo martirio, il suo segreto malaffare, la sua perdita, le sue scommesse con se stessi. Qui le ore straordinarie non si contano e non sono pagate nemmeno fuori busta: la libertà è un esborso a proprio danno per fibre forti e larghe di manica, non è una speculazione a colpo sicuro a danno altrui per furbacchioni di fiato corto.

La libertà si paga salata, e solo quando sei del tutto a terra saprai se ti indennizzerà e con gli interessi.

Prima dei quaranta si tende a confondere la libertà con il permissivismo, nel senso che qualcuno ti permette di fare ciò che fai e farla franca; dopo i quaranta il solo sospetto di farla franca grazie al permesso di qualcuno – nell'ombra – ti porta a rigare dritto pur di pagare di tasca tua. Come teorizzo io da una vita, e come Dylan Thomas riassume a un certo momento, «Bisogna essere onesti fino in fondo, se si vuole vivere fuori dalla legge».

Andare a zigzag è da gente sposata la cui strada maestra è stata tracciata da altri, da qui la cosiddetta trasgressione – che è un regolare permesso d'illusione, sancito dall'autorità preposta, di essere trasgressivi in poche cose insignificanti e supini e repressi e regressivi nelle molte fondamentali –, ma l'andare dritto per la propria strada è del Single che non ammette più strade altrui, gli fossero pure tutte spianate.

Rispetto all'uomo e alla donna sposati e tuttora all'interno del matrimonio, il Single ha una responsabilità in più: non può fingere verso altri la responsabilità che non sente neppure verso se stesso.

Non dovendo più desiderare la scomparsa per morte violenta di alcun caro, anche economicamente caro, lentamente imparerà, e si rassegnerà, a essere caro a se stesso.

Questo non è un manuale per il Single che abbia disprezzo di sé: a quarant'anni, dunque, neppure se a ragione si può partire col piede sbagliato né per la destinazione della relativa infelicità né per quella della morte assoluta.

La morte assoluta, e più irrimediabile, la si vive da vivi se non vivi come vuoi. Però anche la propria volontà è una scoperta inaspettata: se finora hai vissuto solo come vogliono gli altri, ciò ti avrà condizionato nel credere di avere una certa volontà di vivere come vorresti. Sbagliato. La tua volontà vera è un'altra e non la conoscerai mai finché non inizi a vivere come credi di aver voluto: credere di volere non ha niente a che vedere con la volontà di mettersi davvero alla prova per sapere ciò che si vuole. Credere di sapere ciò che si vuole non è un passo spedito, è ancora un incespicare. L'amore per la libertà è di tutti i desideri della Terra il meno ricambiato, e proprio nel suo non essere ricambiato sta l'amore per la libertà. È un amore che gioca in perdita e lo sa e continua a giocare.*

Prova a desiderare cento cose tutte impossibili

---

* È come credere di essere di sinistra e essere invece di destra: finché sei disposto a rimetterci ancora e sempre qualcosa sei di sinistra, quando cominci a guadagnarci sei già irreversibilmente di destra.

date le tue ristrettezze economiche e poi a vincere sessanta miliardi al Superenalotto: vedrai che evaporano tutte e cento e per incanto e per disincanto. Per fortuna ti restano i sessanta miliardi per consolarti: puoi costruirti una marea di desideri, soprattutto quelli che non hai.

Con i soldi, come con un falso concetto di libertà foriera di guadagni più gli interessi, compri solo la realizzazione del desiderio, mai il desiderio. È come mandare in viaggio un tuo ritratto al tuo posto, non sei né via né più a casa.

Il Single di ritorno deve sapere che non ha alcuna idea di quello che è e di ciò che lo aspetta, meglio che sia realista: non è nessuno eppure è quel che è, non lo aspetta niente di speciale eppure è la vita.

Della solitudine dei giudici migliori
vista dal punto di vista del Single
infangato e offeso e frodato, solo
con se stesso e la sua sete di giustizia,
che perde sempre ogni causa contro
clan, conventicole e cupole e semplici
famiglie, di fatto o di potere, e che
da vittima e accusatore diventa carnefice
e accusato grazie alla consorteria
dei giudici peggiori

Finita l'epoca del pool di Mani Pulite, la magistratura – ovvero il potere giudiziario – va smitizzata forse più del potere esecutivo (si sorvoli sul potere legislativo, preso sottogamba sin dalla sua genesi e proliferazione: si votano i politici solo in base alla loro proprietà primaria di essere derisi per la loro inanità parolaia e inconcludente, e perché, più ladri della media, fanno sentire vittime i ladri medi che li hanno votati). Succede talvolta che un poliziotto o un carabiniere, anche di media fedeltà alla sua divisa, ci metta il muso e rischi di ripristinare il Diritto a prezzo della propria pelle, ma un giudice! specie se di fedeltà tutta d'un pezzo a parole!

Non si dovrebbe mai piangere per un giudice assassinato quanto per tutti gli altri che non lo sono.

Gira e rigira, la Giustizia italiana è tutto un Carnevale, e se non è Quaresima è Opus Dei.

Di solito si assassina o si emargina solo il giudice che fa il suo lavoro fino in fondo, ecco perché mi chiedo che ci stanno a fare, da vivi e da integrati, tutti gli altri. A parte aspettare lo stipendio e la pensione d'oro, attendono al cappuccino delle dieci e all'operazione eclatante – un polverone con telecamere a seguito – per apparire sui giornali e accreditarsi presso il nuovo governo.

Ma veniamo a me e a te, Single portato in tribunale: quando appari tu, appare tutto ciò che può, cioè te e non hai nessuno al tuo fianco e dietro di te, a parte il tuo avvocato; quando appare chi ti accusa e vuole la tua rovina, mille volte su una si tratta di quella parte per il tutto che non si fa vedere, stai subendo una vendetta o una ritorsione trasversale anche se ti sembra di individuare chi hai davanti e ti accusa o ti ha infangato; dietro di te, ci sono le tue spalle scoperte, dietro di lui o di lei c'è un'intera fetta di società, una famiglia, un gruppo di potere finanziario, politico o religioso. Possono avere torto marcio, ma tu hai il massimo torto: non rappresenti nessuno a parte te. Lui o lei *sono* in tanti, hanno informatori, godono di connivenze interne al ministero della Giustizia, fanno massa e scudo; tu sei da solo, e il Diritto non è fatto per l'individuo ma per la tribù. Il vero pericolo sociale e istituzionale sei tu, specialmente se hai ragione e se reclami che sia fatta giustizia: tutto cambierà per te nel segno opposto. Sei imperdonabile perché, oltre a avere ragione, osi non ammettere il tuo torto, e vi persisti con accanimento.

Più oserai sfidare il sistema tribale del nepotismo e del favoritismo sottobanco, più tu individuo verrai umiliato, punito, neutralizzato. Se poi sei laico fino alla radice come me, la Giustizia non accetterà mai e poi mai di creare un precedente a tuo favore solo perché ti ammanti di questa ignominia permanente di avere al momento una ragione transitoria.

Di appello in appello, il Single, il singolo cittadino offeso che osi ricorrere alla Giustizia istituzionale contro grandi consorterie laiche o gruppi di potere religiosi, passa dalla ragione al torto: i giudici e i procuratori e i pubblici ministeri, la stragrande maggioranza di essi, è gente con la strizza al culo, decadente, scettica, cinica, e quindi ricattabile, che per discendenza e per carattere di casta sta sempre col più forte strutturalmente e istituzionalmente col più attendibile, cioè col criminale con i fini *più superiori*; per secolare vocazione all'ancillarità più servile e leccaculista, vediamo i giudici fare i *bons vivants*, per non dire i *viveurs*, nelle aule giudiziarie e i mastini inflessibili nei salotti; indossata la toga, fanno spallucce davanti alle tragedie altrui come se questo fosse tutta la loro capacità di verdetto sulle *cose della vita* e però impugnano il gatto a nove code davanti alla marchesa che fa le fusa col suo micione in grembo. Quando ci va bene, sono dei gran lazzaroni accumulacarte che per un figlio del popolo senza protezione né conoscenze rovinato da un incidente stradale impiegano anche quattordici anni per emettere una sentenza contro un'assicurazione,* allorché dovrebbero emetterla anche contro se stessi e contro l'avvocato alla difesa di cui la vittima si è sbarazzata prima che gli anni di attesa e di parcella anticipata diventassero venti; siccome questo avvocato con le assicurazioni fa comunella sottobanco, è complice esplicito di questi giudici, complici impliciti delle assicurazioni: ecco perché la condanna dovrebbe essere sempre plurima e cominciare da chi e per chi la emette, sempre che si decida.

Non si potrebbe invertire la sorte del primo giudice, l'assassinato che piangiamo di cuore, con quella dei secondi, risparmiati a torto e che ci fanno piangere dalla disperazione e non per il lutto di cui tanto vorremmo ridere, per l'appunto da assassinare e sui quali infierire a carcassa disossata? non si potrebbe far fuori i secondi e saprofiti risparmiando il primo e martire del proprio sangue, da salvare e salvaguardare sempre che non si trasformi inevitabilmente in uno dei secondi che gli

---

* È toccato a mio nipote Norman Busi, un figlio del popolo senza santi in Paradiso e con solo un demonio in Terra – io – rovinato da ragazzo da un incidente stradale e per soprammercato capitato sotto le inerti mani della Procura di Brescia: dopo quasi quattordici anni, comprovata in ogni modo documentale la sua ragione e spese a non finire di avvocati, è ancora lì che aspetta e chi mai non viene se non per rinviare e la sentenza e il suo risarcimento. Un consiglio al Single: anche se hai ragione, meglio avere torto subito che ragione dopo i dieci anni di media di un processo civile in Italia.

fanno il vuoto intorno perché sia centrato e fatto fuori più facilmente?

Prima ancora di sapere bene chi è Single e chi invece si considera tale senza esserlo, sappia che le istituzioni, e la Giustizia in prima linea, sono sempre alla ricerca del capro espiatorio per eccellenza, lui, il solo, il da solo: il non ammogliato, il divorziato, il celibe.

Il non affiliato. E la donna che non ha figliato.

I giudici italiani, non avendo le palle per intervenire contro gli affiliati dei poteri forti (Chiesa, industria, assicurazioni, banche, politica, giornali, televisioni) che, in nome della famiglia che tengono e dei Valori commettono crimini e illegalità a tutto spiano (e poteri che non possono essere messi in crisi più di tanto e semmai solo temporaneamente: tanto, coi cavilli e i loro soldi arrivano all'assoluta assoluzione e capovolgono qualsiasi sentenza di condanna ricorrendo di appello in appello), se la prenderanno, per dare sussistenza alla loro nullità e viltà e spirito di prostituta, con te, o cittadino solo su se stesso, e specialmente se, essendo stato infangato o frodato o menomato nel fisico da un incidente stradale o dall'imperizia di un barone ospedaliero, hai osato chiedere giustizia alla Giustizia di questi figli di papà (di ecclesiastici, di industriali, di politici, di giornalisti), ben sapendo di mettere in grave imbarazzo ogni giudice che non è stato mai ammazzato e mai lo sarà. Proprio perché è quel che è, un uovo marcio a puntino, cioè come si deve, che deve fare il verso del gallo per occultare il suo interiore mugugno di coniglio.

Lui è fatto per te non a caso, è stato messo lì contro di te, il più debole e socialmente trascurabile e disprezzabile: una persona... una macchietta... senza famiglia e senza protezioni, un Single!

Si miri: bum!

Sperando che una volta tanto abbiano fatto fuori un giudice di questi che non verranno fatti fuori mai, e non un perfetto Single e una perfetta Single come te e come me di cui sarebbero pieni i calendari se ci fosse un po' meno religione e un po' più di discernimento.

Ghirigori sui *se* d'accademia

Siccome sono un uomo moderno, sarei una donna all'antica se, ragazza madre o separata o vedova con prole, dovessi scegliere fra i figli, piccoli o minori, e un uomo: sceglierei i miei figli, anzi, non ci penserei neppure al fatto che devo scegliere, mi verrebbe dall'utero o dalla forma secondaria di utero accessibile anche all'uomo, l'intelligenza.

Un uomo che mi ami in quanto madre dei miei figli piccoli è arduo a trovarsi anche quando i figli sono suoi, figuriamoci se non lo sono. No, io starei accanto a loro, felice di non avere rimpianti o solo di un certo tipo, minori, che non vanno a offendere la mia coscienza – vorrei invecchiare bene, ecco, e preferirei darmi un sentimento di madre non provandolo che uno di troia essendolo.

Se invece dovessi scegliere fra i miei figli, grandi, diciamo oltre i diciotto anni, e un uomo, non avrei la minima incertezza a scegliere l'uomo se i miei figli mi contrastassero e non intendessero integrarlo in famiglia: perché nel primo caso io sono protagonista della mia sensata generosità, nel secondo sono vittima del loro insulso egoismo.

Se invece fossi una donna moderna, sarei quell'uomo che non è stato mai né antico né moderno ma inesistente e sarei il primo a dargli vita io: starei con i miei figli piccoli e non ne metterei a repentaglio la tranquillità e il benessere con una donna che li vede come rivali. Meglio chioccio per scelta che gallo per obbligo.

Tuttavia, sempre per amore dei miei figli, preferirei di sicuro mettermi con una donna se fossi una donna e con un uomo se fossi un uomo e comunque non avrebbe alcuna importanza il genere con cui mi metto e che si mette con me, l'importante è che sappia mantenere le distanze da ogni istinto di proprietà, poiché io apparterrei ai miei figli, solo a loro, e a nessuno o a nessun'altra.

Propendo per la coppia omosessuale quale ideale in caso di uno o entrambi i partner con figli perché è inevitabile che se sono un uomo e mi metto con una donna pretenderà di sostituirsi alla madre che non c'è e non hanno e che se sono una donna e mi metto con uomo pretenderà di sostituirsi al padre che non c'è e non hanno. Questi partner farebbero degli sforzi per calarsi in un ruolo che non gli compete e che, personalmente, non mi interesserebbe molto che assumano: già i figli in ballo non hanno avuto la loro madre naturale o il loro padre naturale, che se ne fanno di un ennesimo genitore per di più artificiale? Non era già abbastanza artificiale quello che hanno avuto senza di fatto averlo?

No, il padre o la madre, il loro unico genitore, sono e resto io, e chi sta con me è il mio amico e se sta con me i miei figli sanno che ciò, facendo bene a me, fa bene anche a loro. Ma il bene se lo devono attendere da me e da nessun altro: basterà che costui o costei non gli faccia scientemente del male, e meno ancora del bene per sbadataggine, e sarà un legame perfetto per tutti. Al bene dei miei figli piccoli ci penso io, e proprio perché ogni relazione è instabile, e quella omosessuale non meno di quella eterosessuale, io, non altri, sono il loro punto fermo; per fortuna, dopo la prima volta di papà e di mamma con un estraneo, i figli si affezionano al nuovo venuto e alla nuova venuta non più che all'ultimo modello di zainetto e il problema è meno grave di quello che sembra.

Tuttavia, a tutt'oggi i figli dei separati gravano ancora al novanta per cento sulle madri, sicché la disamina del problema va ristretta alle donne; allora mettiamo che io sia una donna di quarant'anni minimo e abbia una figlia (ma anche un figlio...) di undici o di dodici: io sono troppo diffidente, e realista, per tirarmi dentro casa uno sconosciuto o a maggior ragione per andare a abitare a casa sua, costrizione economica e disperazione a parte, con una ragazzina che verosimilmente gli possa far balenare in mente me nella freschezza della mia passata gioventù; non starei tranquilla un istante al pensiero di lasciarla sola con lui e, sapendo com'ero lolitissima e tentatrice io alla sua età, di lasciare lui solo con lei.

Vorrei evitare tragedie, commedie, farse ma, soprattutto, come succede a troppe madri mature con figlia adolescente e convivente, vorrei evitare di far finta di non vedere per paura di perderlo.

Perché si sa che i proverbi vanno un tantino modificati: troia, sì, da giovane, ma ancora di più da vecchia.

Profumo di Single, profumo di no

Riassumendo: un Single o una Single è infine una persona che abita stabilmente da sola, che dorme da sola, che rientra e si ritrova in casa da sola, che si sveglia da sola, che mangia da sola, che viaggia da sola – che viaggi con un gruppo non significa niente alla luce del suo essere Single –, che va al cinema da sola, che passeggia da sola, che va al bar da sola, che in discoteca ci va da sola e che vive e si mette e si toglie le mutande da sola.

Certo, talvolta mangia e dorme con qualcuno che gliele leva (dio, che flemma: ma strappale, no?), ma questa è l'eccezione transitoria: la sua esistenza non è condivisa né per forza (matrimonio) né per amore (una relazione stabile, magari nel matrimonio stesso, perché no).

Il Single non ha un'età, ci sono ventenni che si considerano Single ai quali io consiglierei almeno un'ulteriore condizione per definirsi tali: abitare da soli e non con i genitori. Un Single che non abita da solo ma è ancora servito e lavato e stirato e pulito e cucinato è solo un parassita solitario dentro un nido di pii genitori che così facendo lo spolpano per benino sino alla fine dei loro giorni, e fanno pure la figura delle vittime.

No, non si dà Single se non lo si dà in un'abitazione privata. Dirò di più: dubito che si possano definire Single due amici che convivono sotto lo stesso tetto, proprio perché, non dando io alcuna importanza decisiva al sesso che si fa ma tutta al desiderio di farlo, non basta non avere rapporti sessuali con qualcuno per considerarsi Single se si convive. Manca lo scatto decisivo, la verifica finale: il riflesso di troppo causato dall'altra presenza occulta, l'immagine ultima del Single perfetto.

Nella tua radiografia non ci sono corpi estranei: c'è solo il tuo, anzi, non c'è nemmeno quello, perché non c'è nessun altro a dargli consistenza col suo sguardo.

Il Single perfetto accetta di non sentirsi visto e sentito per vedersi e per sentirsi.

La favola delle libere scelte

Basta frottole: i legami che hai sono quasi sempre quelli che non sei stato abbastanza bravo da evitare e dai quali non puoi liberarti facilmente e senza danno patrimoniale.

Bisogna smetterla di credere che esistano delle scelte per l'individuo intruppato sin dalla nascita a marciare secondo un canone imposto in una direzione fissa; finirà con chiamare "la mia strada" un percorso tracciatogli da altri o dalla cosiddetta collettività, e più è stupido più sarà convinto di averla imboccata da sé "per scelta".

Credi di sposarti con l'uomo o la donna dei tuoi sogni, ma sia tu che l'altro siete stati entrambi tirati dentro dal sogno a parte del matrimonio che vi attira dentro a sé e vi spolpa; sono rari gli individui in grado di conoscere la propria volontà fuori della rete sociale, una ragnatela mortale, che ne traccia una per tutti indistintamente e ha due modi di uccidere l'individuo: il primo, chi vi si conforma, e il secondo, chi pretende di esserle sfuggito.

L'individuo, e nel nostro caso il perfetto Single, è colui che non si limita a scegliere l'arredamento su fondamenta altrui scambiando il sopra che è retto con il sotto che lo regge, è colui che prima fonda le sue fondamenta in opposizione alle uniche fondamenta che impongono di essere adottate e, semmai dopo, arriva anche alla sfacciataggine di mostrare al mondo che persino il suo modo di piantare i chiodi nelle pareti non solo è originale ma tiene in tutto e per tutto come il modo che fino a quel momento si credeva l'unico possibile e ammissibile.

Guai al Single che si considera uno spaiato o un appaiato venuto male e all'ammogliato e alla maritata "per libera scelta"!

Nel dubbio, la frase d'obbligo sia ridondante: «Sai, è tutto frutto di un mio ben preciso libero obbligo».

Il necessario e il superfluo

Mio fratello Roberto, oggi sessantenne separato con figlio single di trentacinque anni – che ancora crede che la sua metà sia suo padre allorché la sua inconscia metà è sua madre, sicché a modo suo dispone di un intero senza neppure compromettersi con una data donna ma usandole tutte e tutte piantandole indistintamente per fare il figliol prodigo a vita e ritornare a casa da suo padre –, era e resta il piastrellista più amato dalle italiane.

Quel prezioso, conteso, irresistibile snob al contrario di mio fratello – di cui si invaghiscono tope, topine, topone e topastre ma sempre con quella fetta di vuoto lì fra le gambe a suo modo perfetta anche come fetta di pieno purché il pieno non sia indefessamente perfettibile grazie a un feto fra capo e collo dell'utero –, verso i cinquantatré, dopo alcuni anni di relazione con la sua docente universitaria tanto più giovane di lui, si ebbe da costei, quarantenne separata ma senza esperienze di maternità, l'aut aut: o mi sposi e mi fai fare un figlio o ti lascio.

La lasciò lui, stupito e dispiaciuto, con una sola frase distinta in due affermazioni tanto meste quanto inappellabili: «Ma io le cose superflue della vita le ho già fatte tutte».

Alla sua età, ormai, alla paternità preferiva vivere.

Poi lei ritornò in sé e lui da lei e stanno tuttora insieme, e lei è davvero l'unica donna della sua vita dopo tutte le altre – che ha messo in lista d'attesa per le sue vite a venire: è troppo pigro per essere infedele adesso.

Roberto, a suo tempo, stava rendendo edotti di questa richiesta della sua amica mia madre e me seduti in cucina, e mia madre, che è la donna più bigotta e reazionaria e conservatrice in fatto di legami sacri e benedetti, saltò su dalla sedia in un impeto di scandalo e noi due tememmo che fosse per convincerlo a uscire dallo stato di peccato e di sterilità in cui si trovava con questa qua, per convertirlo: «Ma bisognerebbe proprio essere matti, ci mancherebbe anche questo alla tua età! Se lo faccia fare da un altro, il figlio! Se proprio vuole, mica bisognerà che si faccia sposare prima! E poi proprio da te? Si sposi pure, si faccia fare pure il figlio, se proprio vuole, se lo mantenga lei e suo marito ma lasci stare te e tutto procede come prima», sottintendendo "fra voi due".

Mia madre, sapendo con certezza che lei, la nuora mancata, era entrata in menopausa, smise di mettersi le mani tra i capelli al pensiero di avere alla sua età, e quindi verso i cent'anni, un altro nipote cui prestare i soldi perché "Nonna, mi si è rotta la marmitta-il-freno-a-mano-lo-sterzo-il-fanale dell'auto", allorché lei sa benissimo che è perché gli si è fuso del tutto o il cervello o il motore.

Allora ridefiniamo il concetto di Single alla luce di questi ulteriori chiarimenti: è Single chi abita da solo e che, abbia avuto figli o no, non vuole essere correo di altre, eventuali, indebite maternità e paternità avanti con gli anni.

Siccome io penso che il bello del matrimonio siano i figli, e meglio ancora se adottati, e trovando particolarmente malsano e codino il sentirsi in obbligo di contrarre un matrimonio come se fosse un'infezione per sentirsi alla pari e poi non metterne al mondo, due Single che si mettono assieme, non intendendo assolutamente avere figli, non intendono neppure trasformare una bella e giovevole relazione fra adulti... adultissimi... in una pagliacciata civile e religiosa concepita per spiriti infantili.

Il minimo decoro che ci si aspetta dalle coppie di fatto senza figli che pretendono e ottengono di essere iscritte nei registri del Comune di residenza è che non dicano che si "regolarizzano" per amorosi sensi ma per la reversibilità della pensione, la facilitazione del mutuo, il passaggio della locazione d'affitto, tutti sacrosanti diritti del cittadino che non hanno bisogno di alcuna ulteriore nobilitazione per essere propugnati e ottenuti da chi sopravvive all'altro.

No bau

A proposito di superflui ammennicoli da perdere cammin facendo verso l'emancipazione: noi Single non abbiamo acquistato l'autonomia di movimento dentro/fuori e lontano/vicino per poi svenderla dietro un cucciolo da accudire. Il perfetto Single, visto che se perfetto e abita da solo e da sola, non tiene animali domestici, scarafaggi, mosche e sorcetti e altri involontari a parte, e resisterà all'egoismo di farne prigioniero uno. Noi non abbiamo fatto tanta strada per toglierci il guinzaglio e poi bloccarci per fare la guardia a un cane. È anche questione di generosità verso gli animali, non solo di buon senso. E, se è irresistibile la tentazione di sentirsi buoni e migliori almeno in senso zoofilo, meglio un serpente boa che un gatto o un cane: gli dai da mangiare un gattino o un cagnolino una volta ogni quindici giorni e sei a posto con la coscienza anche se per un mese vai a fare la marcia contro la vivisezione. Se cane deve essere, allora non solo ti va a prendere il giornale quando piove, ma ti deve caricare anche la lavastoviglie e lavare l'auto e farti il bucato e stirarlo, vivere fuori nella sua comunità di Manila e non pretendere i contributi, allora sì che ne vale la pena.

Dici, «Ma un cane fa tanta compagnia!».

E ridài: sì, ma tu a lui?

Come si nutre il perfetto Single

1.
Da due mesi ho smesso di mangiare carne di ogni tipo, rossa e bianca, di bovino e di pollame e di maiale, e non parliamo poi del capretto e degli uccelletti allo spiedo, brrr, ma non sono diventato vegetariano, mangio pesce, perché, se non lo mangio io, pesce mangia pesce e finisce che si mangiano tra di loro, il mio cibarmene non intacca, per il momento, la catena alimentare fra animali e fra animali e altri umani, non scheletrisce alcun cormorano e alcun pescatore di perle; anche il pesce, però, non deve essere di allevamento, cioè non deve sottrarre proteine – cereali, farine – a chi non ha nemmeno una ciotola di riso o di soia o di frumento al giorno per sopravvivere (non deve trattarsi né di balena né di delfino, e ora mi sto lentamente allontanando anche dal mio pesce preferito, il merluzzo, in via di estinzione). Contribuisco così a ridistribuire le risorse agricole ora sottratte dal complesso bovino internazionale, che manduca e defeca mais a tutto spiano per il palato del ricco

carnivoro occidentale a scorno di tutte quelle popolazioni indie e asiatiche e africane falcidiate dalla carestia e dalle epidemie a causa della crescente desertificazione di pascoli e foreste per allevare bestiame.

Da quando ho smesso di mangiare carne mi sento meglio, la mia funzionalità epatica è più attiva, m'è passata la stipsi quasi del tutto e ho dimenticato la gastrite, la pelle è una seta, e ho anche meno problemi con i problemi d'erezione (altrui), sono più spiritoso e buontempone, ecco. Un toccasana meraviglioso, visto che consta nel fare a meno di qualcosa anziché sovrapporgli qualcos'altro per lenire il danno spesso raddoppiandolo.

Da circa due anni sentivo nausea al solo vedere carne nel piatto, ma ancora non capivo bene che cosa mi stava succedendo, ne stavo consumando sempre di meno e sempre più raramente, al ristorante m'è capitato di rispedire al cuoco fiorentine e filetti, di per sé succulenti, o perché erano troppo cotti o perché troppo al sangue... perché troppo carogna, cicatrizzazione, sacrificio barbarico, infine, e vagamente tossico. Mi sentivo un cannibale nell'ombra, un pervertito del gusto per ignoranza.

Poi ho avuto il colpo di grazia, come sempre, dalla letteratura: è stato quasi senza accorgermene che mi sono avvicinato, e contemporaneamente, a *Del mangiare carne* di Plutarco e a *Ecocidio* di J. Rifkin, e è stato tale il disgusto che ho provato per il mio passato di carnivoro che sono sicuro non avrò più alcun futuro in quel senso.

Sono due testi davvero sacri per la sapiente profanità con cui articolano storia antica e prassi moderna del rapporto uomini e animali, a cominciare dal toro e dalla vacca prima deificati e poi fatti perno del crescente sfruttamento capitalista, testi che non devono assolutamente mancare nello zaino di alcun anarchico attivista di piazza e nel tinello del rivoluzionario in pantofole e tuttavia non meno determinante del primo nell'ottica militare del "mondo migliore".

È incredibile il danno che si può fare al sistema contestandolo senza colpo ferire, non facendo qualcosa *contro* ma cessando di fare qualcosa *pro*, astenendosi dal fare alcune cose per automatismo tribale, per esempio, dal comprare alcune merci e cibarie, dal guardare la televisione o dal trarne argomento di conversazione, e magari guardandola a capriccio per visionare tutte le pubblicità che passano in quel momento, segnarsele e riproporsi di non comprare per un anno nessuno di quei prodotti: non solo pieghi la televisione che più ti sta sul gozzo, ma mandi un avvertimento anche a un paio di multinazionali in un colpo solo – e non rischi neanche di venire manganellato e macellato a Genova o, secondo i soliti auguri, a Roma.

Se di punto in bianco venti milioni di italiani – ne basterebbero tre – smettessero di mangiare carne come me – e non più per paura della mucca pazza ma per definitivo convincimento culturale, cioè per sana ideologia inerente l'ecosistema terracqueo –, cambierebbero tante e tante di quelle cose, anche istituzionali, che ora non possiamo nemmeno immaginarci. Non dimentichiamoci che una ritrovata leggerezza di stomaco e di intestini dà più rabbia in corpo, e più idee, a qualsiasi causa. Muovere una guerra e vincerla a colpo sicuro senza muovere un dito è, una volta tanto, esaltante e esilarante.

Si potrebbe cominciare dall'eliminare la carne dal piatto e poi, che ne so, i telefonini, l'ultima moda, il gel nei capelli, le radio private quando sei alla guida, l'ultimo accessorio e, già che ci sei, l'ultima automobile, eliminare le donne sessuali, gli uomini sessuali, i preti e gli altri politici e asessuati di sinistra in generale. Io per esempio, insieme alla carne, ho eliminato anche l'acquisto – ma questo da un anno circa – dei due quotidiani e dei due settimanali italiani principali (due si fa per dire, sono cloni perfettamente speculari).

Sabotare, elisir di lunga vita.

2.
Il perfetto Single, avendo meno tempo libero di una madre di cinque figli e di un padre con dieci aziende che se la possono prendere comoda e sbrigare ogni cosa a suo tempo, è più avanzato culturalmente e quindi merceologicamente dei cittadini intruppati che crescono nei piccoli allevamenti di condominio e di villetta a schiera e di villa residenziale; a un aggiornamento a filo di telegiornale

e di ecosistema il perfetto Single è costretto dalla legge della sopravvivenza più che da quella della moda e del piacere e dell'ozio. Dovendo fare tutto da sé, anche la spesa e il nastro al sacchetto dei rifiuti, ha meno tempo da perdere della media che si dà una mano per girarsi i pollici con entrambe e tira tardi anche con le campane, sicché suona le sette alle otto e mezzogiorno a mezzanotte.

Dove non arriva da solo un solo individuo da solo, e quindi apparentemente senza arte né parte né qualcuno che gliela tenga, non arriveranno nemmeno schiere di scienziati, di industriali, di economisti, di artisti, di ballerini e colonnelli al seguito.

Tutto nasce, è vero, per inesorabile processo collettivo, ma se a un certo punto della storia non si fa sotto il più coraggioso e oltraggioso del gruppo e dice per tutti "Questo cerchio magico è anche una ruota pratica" e per questo viene lapidato, possono passare anche millenni o l'intera eternità aspettando che a fare la banale e rivoluzionaria scoperta sia un team di studiosi e di esperti convocati in convento a osservare come funziona la rotazione dei trovatelli e delle palle dei frati a doverne smerdare un altro.

Affermo con ciò che o la scoperta dell'acqua calda la fa un Single o non la fa nessuno, e comunque state sicuri che se la fa un Single è utile a tutti, se la fa un paterfamilias è utile solo alla sua famiglia e alle famiglie come la sua – e però pretenderà che chi trova invece dannosa la sua scoperta è un asociale, un diverso, un mostro al quale va imposto di trovarla utile e benefica con tutte le forze, se necessario fino alla camicia di forza.

Di quali succhi gastrici ideali si pasce il perfetto Single illuminato sulla via della macelleria e del supermercato?

Basterebbe leggere le cinque pagine centrali di *Del mangiare carne* di Plutarco per capire che l'essere umano perfetto non si ciba di alcuna materia cadaverizzata e che deve cominciare a non macellare più alcun animale a fini alimentari per arrivare a provare disgusto, nausea, raccapriccio non solo ideale ma fisiologico, culturalmente istintivo, per ogni deliberato spargimento di sangue, e anche della minima ferita e cicatrice, di un suo simile.

Non è questione di essere o no vegetariani a tavolino: alla ripugnanza per ogni sacrificio di sangue ci si arriva lentamente, senza traumi né compiacimenti, magari verso la fine di una vita carnivora, e carnivora individualmente per coercizione di sistema, per complotto collettivo forse meno ancestrale di quanto si pensi – già i Pitagorici, individuando nell'animale ucciso per cibarsene gli estremi del sacrifico del più innocente per punirlo del suo essere imbelle ("inetto al *bellum*", cioè alla guerra), si mantennero mondi da ogni bolo di sangue animale e vissero vegetariani felici e contenti (seppur con qualche ridondante teorema sull'immortalità dell'anima e le zucchine alla Platone da trifolarsi nella sua caverna all'ombra del Campanile Achille o ciccia).

Nessuno mangia carne per scelta deliberata o addirittura perché è convinto che gli piace dopo che a otto mesi gli si è fatto ingoiare un omogeneizzato al vitello o al pollo. Il fine di una alimentazione non a base di sangue, né pertanto sanguinaria, non è un astratto rispetto per gli animali, ma un concreto rispetto per gli umani a venire e per noi stessi che siamo presenti – e, in seconda, inferiore istanza, rispetto per il sopravvivere stesso dell'umanità ormai minacciato, forse irreparabilmente già compromesso, dalla desertificazione di milioni di chilometri quadrati di foreste equatoriali per trasformarle in pascolo e colture di mais.
Propugnando l'inviolabilità dei cosiddetti animali – cosiddetti perché gli esseri umani hanno finito, a forza di sentirsi superiori, per non essere nemmeno tanto – e opponendosi al Dio biblico – che nel Suo responso a Noè, per premiarlo una volta finito il diluvio universale e smontato dall'arca con tutti gli animali al seguito, dà mano libera sul loro uso e consumo –, noi propugniamo l'inviolabilità dell'altro umano animalmente nostro simile, la sua sacralità psicosomatica, spezziamo la catena falsamente alimentare del nostro cannibalismo psichico, radicato in una genetica indole distruttiva e autodistruttiva, da ex fiere mai davvero ex, che ci porta a uccidere, a strumentalizzare, a schiavizzare, a *mangiare* l'altro da noi (come se potesse mai esserci qualcuno che è altro da noi!) attraverso la *civiltà* della guerra santa o giusta, dello sterminio vendicativo, della purifica-

zione razziale, della momentanea supremazia culturale e religiosa, ovvero economica e militare, di una data etnia o classe sociale su un'altra.

Il perfetto Single non è un vegetariano fanatico per il quale anche le uova non sono eticamente commestibili perché pur sempre degli embrioni vivi, proprio come non è un accanito nemico del fumo: essendo stato carnivoro e tabagista lui, continua a esserlo ma interrogandosi sul suo effettivo margine di libertà rispetto a questi due veleni ritenuti minori perché universalmente assunti.

Non è questione per il saggio, ravveduto con misura, di pentirsi o no e lanciare anatemi e sulla propria dabbenaggine alimentare passata e su quella presente altrui: riconosce che poteva fare meglio e non lo sapeva, che qualcosa di nuovo si è inserito nella sua consapevolezza e percezione di sé anche quale stomaco e polmoni e quindi psiche, ovvero organi intellettualizzati, e deve dare loro retta che lo voglia o no, e lui lo vuole.

Se zio, manifesterà questi suoi assilli ai nipotini e ai loro genitori, gli dirà che la loro è la generazione che deve cominciare a fare del tutto a meno della carne e del tabacco, e poi ci arriveranno da soli a fare a meno della televisione e del catechismo.

Cioè arriveranno a fare a meno del nemico e, se è troppo forte, del capro espiatorio che ne fa le veci.

Dirgli che si può vivere e gustare la vita senza toglierla a nessuno, senza ingurgitare carogne acconciate di spezie per mascherarne il gusto di sangue e senza passare sopra a alcun cadavere di essere umano abbattuto con una scusa qualsiasi fattasi ragione precisa, cioè abominio degli abomini.

Dirgli che non è vero che i giovani sono la speranza del futuro se i vecchi, che gli danno tanti ordini travestiti da consigli, non si insegnano e non applicano su di sé la speranza del presente, che è quella più faticosa di tutte perché non la puoi delegare a nessun altro.

Da che parte sta il Single estremo – Sui fatti italo-cileni al G8 di Genova del luglio 2001, in memoria di Carlo Giuliani

Un lettore che non ho mai incontrato perché non c'è mai una sola ragione al mondo per uno Scrittore di incontrare a quattr'occhi un suo Lettore se entrambi fanno sul serio, mi scrive:

Sabato 21 luglio 2001
Era tanto tempo che non piangevo; pensavo di essermi creato un'insensibilità e un cinismo impenetrabili, e invece mi rendo conto che nel succedersi delle cose non c'era nulla che valesse la mia considerazione emotiva. Ho visto l'ingiustizia come non l'avevo mai vista prima. Ho visto una vita spenta, una forza soffocata perché troppo intensa, troppo esplosiva, fuori controllo. Non dimentico cosa faceva la persona uccisa nel momento in cui è stata colpita. Non dimentico nemmeno il contesto in cui ciò è avvenuto. Non scordo che guerra e guerriglia urbana hanno le loro vittime. Ma conosco molti ragazzi della stessa età di Giuliani per i quali l'unico motivo di entusiasmo e di rabbia è il tifo calcistico, conosco il qualunquismo e l'arrivismo della generazione di giovani da discoteca e da "Grande Fratello". E ri-

vedo quel corpo glabro con pochi peli sotto le ascelle ma tanti, troppi nell'anima. L'odio vero, la rabbia vera vengono dalla giovinezza persa nella fatica e nell'impotenza. È molto più facile essere qualunquisti che lottare per un mondo migliore o un mondo politico aggiornato sulla società civile, non riverso sul suo proprio passato di "gloria". Ora scado nella retorica, me ne rendo conto; il fatto è che oggi avrei dovuto essere a Genova e invece sono qui, nella mia comoda casa, al sicuro. E mi tormentano la testa molti pensieri, molti quesiti, e sto faticando molto per trovare le risposte. Sul perché della contestazione mi sono lungamente documentato attraverso libri e pubblicazioni (Feltrinelli ha pubblicato ben tre libri sull'argomento e ben pubblicizzati anche sui media, ma a quanto pare nessuno li ha letti, a giudicare dai commenti disinformati di giornalisti e politici). Da qui la mia decisione di partecipare alla manifestazione di oggi pomeriggio (dato che non lavoro). E invece sono qui col televisore acceso a fare il giro delle quattro santelle del telespettatore passivo che viene coinvolto solo da chi vuole essere coinvolto e solo televisivamente. Il perché mi sembra ovvio: non conosco né voglio conoscere la violenza. Eccomi qui che parlo come Agnoletto della Lila e non mi ci ritrovo perché io questa violenza e questa rabbia le sento mie, perché le motivazioni sono le mie! Non è forse vero che se il G7 e il G8 non si faranno più sarà grazie alla violenza e non ai cortei di preti, suore e Bertinotti? Non è forse vero che il potere consolida e capisce solo la violenza anche perché è la linfa che lo tiene in vita? Cosa ottengono i cortei pacifici se non la carità micragnosa delle raccolte fondi? La carità non sposta di un millesimo le posizioni del potere che rimane il solo governante del "benessere" di tutti. È questa la mia sofferenza: l'impotenza. E allora mi chiedo se ogni cambiamento sociale debba essere spinto da azioni estreme perché venga a galla il muso oppressivo del potere; perché sia chiaro a tutti che la vita, la società così com'è impostata è drammaticamente selettiva: tu sì, tu e tu e tu e tu no. Per capire che non conta che l'uomo abbia una sensibilità e una potenzialità diversa dai comuni animali, perché poi la selezione è la stessa: a te la voliera o il parco protetto, a te e a te e a te e a te il macello. Sono fuori di me e me ne scuso, Dottor (sic) Busi, sto approfittando della sua gentilezza ancora una volta (non è vero: le lettere di questo Lettore sono per me una vera manna di emotiva materia prima altamente già intellettuale e politicamente sintetizzata, NdA). *Sono estremamente confuso e scrivo di getto* (a mano, NdA) *riflettendo forse non abbastanza. Credo che sia molto più facile leggere le cronache degli avvenimenti dopo diverso tempo dall'accaduto. Ora come ora il mio cervello registra solo l'immagine di quel ragazzo steso nel sangue. I poliziotti sono pagati per odiare a comando, come i soldati. Io credo che questi giovani abbiano un'idea della società molto simile alla mia e al contrario di me fanno qualcosa, anzi molto: muoiono* (non capisco se il Lettore intende per "questi ragazzi" i soli manifestanti o anche i poliziotti loro coetanei che li manganellano, NdA). *E intanto che rileggo quest'ultima frase la trovo stupida; ho sempre trovato stupido morire per una causa. E allora che rabbia di testa ho! Non creda che io stia mitiz-*

zando persone o situazioni e che non so che farne delle informazioni che ho. Per un'ennesima volta non so esprimere sentenze definitive. Una cosa però credo risulti chiara: non a tutti sta bene la società attuale. E questo è bene, personalmente credevo fossimo molto pochi e molto meno incisivi. Mi fermo qui.

27.7.2001
Pieve di Lombardia

Lei è più fortunato di me, perché ha una parte contro l'altra in cui stare, io no; persino Solone, il più citato dei legislatori antichi, non avrebbe potuto fare niente contro di me, perché, anche se, per tutelare la società dall'indifferenza per il bene comune, aveva emanato una legge che proibiva ai cittadini l'indifferenza ovvero l'equidistanza da due parti in causa obbligandoli a schierarsi o dall'una o dall'altra, non ne aveva prevista alcuna contro chi era contro l'una e contro l'altra avendole contro entrambe; anch'io avrei tanto voluto essere a Genova, ma non ero sicuro di essere persona gradita neppure al Social Forum; lei, al limite, le prende dalla parte avversa alla sua, che starà compatta insieme a lei per difenderla e per restituirle anche per conto suo, io sono abituato a prenderle da entrambe le parti; non i poliziotti e i black block mi spaventano, ma la pugnalata alle spalle venuta dalle file dei miei sodali a parole, solo miei in teoria e miei secondo il mio ideale di loro, non secondo la loro pratica con me.

Qualche mese fa, dopo l'episodio di Orbassano, secondo la cui versione ufficiale uno studente di sedici anni era stato picchiato per aver difeso in classe extracomunitari e omosessuali da quattro estremisti di destra incappucciati, sconvolto, indignato, in una mattina di nebbia che non vedevo a una spanna dai tergicristallo, senza neppure sapere dove si trovava Orbassano di preciso, ho preso la macchina e sono arrivato puntuale al corteo di protesta facendo la cintura di Torino come se si trattasse di infilare quella dei miei pantaloni, ho arringato la folla e elogiato il piccolo eroe (figlio di sindacalisti di sinistra e che non mi è stato dato di incontrare), ho questionato coi poliziotti, mi sono messo dentro il gruppuscolo di Forza Nuova per sfida, ho mandato affanculo Vattimo e le sue prebende di parlamentare europeo nonché di checca cattolica ovviamente Ds, e Franco Grillini, dell'Arcigay e non ancora parlamentare, era tutto felice del mio intervento scapestrato e rischioso, e a distanza di tre giorni non vengo a sapere che i politici presenti, e ben prima di quel corteo, erano al corrente (e Grillini è stato costretto a confessarmelo) che la versione ufficiale non corrispondeva affatto alla verità, perché il ragazzo era stato malmenato non da fascisti omofobi ma dai suoi pusher per una banale questione di droga non pagata? Mi hanno strumentalizzato tutti sapendo di farlo, ecco, e la mia buonafede mi si è ritorta contro come l'ennesima prova della mia ingenuità politica.

Io, a occhio e senza alcuna croce, credo di avere

un vent'anni più di lei e anch'io sono tormentato perché in effetti ne avrò sempre venti di meno di chiunque altro, ma ho deciso di dimissionarmi dal paese Italia restando in pieno qui; ho perso molte energie trasformate in velleità e sono contento di questo spreco, ho fatto la mia parte, ma se d'altronde nessuno mi vuole così come sono, non appartenente e privo di potere per mia volontà, è più nel mio spirito farmi da parte del tutto. Prego, accomodatevi, ma non contate più su di me. Non è viltà o diritto alla sinecura della vecchiaia, è uggia, solo uggia: gli uomini sono così pesanti, diceva Céline. E io non li reggo più.

Se lei pensa una cosa, partecipare a un corteo di protesta, e ne fa un'altra, restarsene comodo a casa partecipandovi via cavo – cosa che di me non posso ancora dire –, è chiaro che vivrà frustrato per tutta la vita: io credo che la nostra sola speranza di democrazia risieda nella violenza urbana dei centri sociali. E tuttavia: lei crede che questi leoncavallini leggano Busi? No, leggono il sociologo Piopponi, le romanziere Trabuchi e Balocco, le prove tecniche d'enciclica del cardinal Puntemes e, ovviamente, l'oroscopo. E bevono Coca-Cola e si ingozzano di hamburger, mentre io sorseggio, con estasi, solo Chinotto San Pellegrino e Cedrata Tassoni e sbocconcello patate nostrane lesse col bagòs della Val Sabbia.

Una volta sono stato a parlare al centro sociale Cox di Milano poiché avevo pubblicamente preso le difese di un piccolo editore pestato a sangue dalla Digos per le sue pubblicazioni in odore di pedofilia (nessuna immagine di bambino reale, solo disegni onirici): ho infierito contro la droga e la mistica dello spinello, contro l'accattonaggio, l'alcolismo, i miti giovanilistici dei loro capetti ormai della mia età, il plagio, la lazzaronaggine, la scroccheria, il conformismo del finto eretico (l'eretico è sempre finto perché è sempre interno alla struttura che critica ma non abbandona: vuole migliorarla a parole, nei fatti gli sta bene così com'è, basta che le gerarchie gli facciano fare un gradino in su per tacitarlo).

Ho tenuto un'arringa di fuoco contro di loro in mezzo a loro, solo come un fulmine a ciel sereno e senza scorta, e li ho convinti a non battere ciglio né bastone sulla mia testa. Questo, comunque, è fegato ma di quello grosso, così come quando a una platea di benpensanti mi rivolgo iniziando col classico «Fascisti, carogne, tornate nelle fogne» e viene giù il teatro e devo uscire dal retro del retro, o come quando, invitato a una cena offerta dai Ds di Como per le elezioni, mi alzo e elenco tutte le schifezze d'inciucio del governo di D'Alema e concludo augurandomi che l'Ulivo alla fine vinca, anche se merita più di essere giustiziato sulla pubblica piazza che di essere mandato al governo; dai preti ai finti laici (e finti laici lo sono tutti i laici italiani, specie a sinistra), non c'è categoria alla quale non abbia rotto i coglioni e che appena può non me la faccia pagare con ogni mezzo; vivo segregato da tutti e è una pacchia; nessuno oggi può dire impunemente di essere mio amico che si ritrova smentito e smascherato e ridicolizzato sui due piedi; io non ho amici che non conosco affatto, ho conoscenti che conosco abbastanza bene e che pertanto tengo alla larga, proprio come se fossero degli amici e perciò non sapessi niente di loro; io sono davvero in pace con la mia coscienza, non c'è stato un granché di scarto fra i miei intenti di coraggio e le mie azioni, però non vengo accolto, non vengo riconosciuto, finché vivo sono e resterò un fenomeno da baraccone, me ne devo fare una ragione. Io rischierei ancora anche la vita ma non posso rischiare di farmela togliere da chi dovrebbe mettere a repentaglio la sua – perché io così farei al suo posto – per la salvaguardia della mia; inoltre, non posso rischiare che, essendo io senza sostanza politica secondo i valori acquisiti e diffusi, si faccia spallucce davanti al mio cadavere perché, tanto, pur sempre di un fenomeno da baraccone si tratta anche da morto.

Io sono costretto a morire di morte naturale o, contando su un colpo di culo, per disgrazia, non potrei suicidarmi né permettermi di venire ammazzato nemmeno se lo volessi con tutte le mie forze.

Stia bene, io non entrerò fino in fondo nella sua angoscia facendola mia, io quell'acqua l'ho già nuotata e bevuta tutta, non credo proprio di potermi mai compiacere della certezza di stare dalla parte della guerra *giusta*. Il capitalismo è al suo tramonto, così come il complesso del bovino e la cultura della bistecca è all'alba della sua estinzione e la globalizzazione violenta presto sarà stata una moda colonialista come tante, e il mio zampino in questa disfatta dei disonesti, degli ipocriti, dei violenti, dei pedofili c'è. Ma per la zampata del leone passo la fiaccola: ci sarà pur qualcuno capace di tirar fuori l'incendiaria autocombustione che c'è in lui, e se è in lei meglio ancora. Io ho consumato fauci e artigli a profusione e non sono un messia inesauribile, anzi, da vero laico (che è una parola abusata per significarne una che non c'è ancora e che un giorno si sostituirà magnificamente con "busiano" per significare appieno ciò che ora significa solo a metà), da autentico busiano all'osso ho sempre avuto orrore dei messianismi e dei seguaci. Voglio morire come ho vissuto, solo e da solo su me stesso; forse, col tempo, qualcuno si avvicinerà alla mia opera, ma non è così importante e comunque, per me ora, è di scarsa consolazione. Ma mica mi fascio la testa per così poco!

Che dirle ancora? Non si accontenti di essere se stesso, tiri fuori l'aldobusi che c'è anche in lei!

Quante stelle! Non saranno troppe in certi casi?

Ah, la malia dei grandi alberghi a cinque stelle con discesa autonoma al mare, idromassaggio privato, piscina fra ibischi gialli e rosa, ristorante da crapula e cene a lume di candela in faccia al tramonto, lenzuola di lino rinnovate ogni giorno, panorama che sconfina su marine e montagne dalla terrazza personale coperta di buganvillee a tre colori, personale di un'amabilità e naturalezza uniche, rilassate, che, essendo lì a servizio di generazione in generazione e ricevendo il doppio dello stipendio medio, ti è grato e non ti fa mai fretta!

Credi di trovarci mai un Single come te in un posto così a tutte quelle stelle se non di più?

Dopo due giorni che te ne stai lì attento a non pestare i piedi a nessuno dei tanti appaiati in luna di miele o che festeggiano i vent'anni di matrimonio (non bastano tutte le disgrazie naturali di un'esistenza, succede di dover essere testimone anche di un simile inconveniente), capisci che ogni grande albergo è un vero e proprio museo degli orrori per te da solo, che è per te subito ciò che per gli altri ospiti accoppiati sarà fra un po' da spaiati – ammesso abbiano mai il coraggio che tu hai avuto di metterci piede senza essere accompagnato.

Quindi tu sei più avanti di loro nel processo dell'evoluzione darwiniana e pensi che gli altri stiano ancora arrampicandosi sugli alberi come le scimmie allorché tu sei già coi piedi per terra e eretto stai; che, cioè, gli altri si arrampicano sugli specchi dell'amore e del progetto e della famiglia, che si stanno cioè godendo la vita grufolando nelle sue belle illusioni di felicità, di fedeltà, di pienezza, di lealtà, di passione a due.

Ci si può considerare Single perfetto allorché questo triste spettacolo non ti fa più né caldo né freddo e, stretto fra una suite e l'altra dove si scopano di brutto tutto il giorno e tutta la notte, ti senti quasi fortunato: siccome non ti capiterà mai e poi mai nella vita di non invidiarli, meglio fare le valigie e levare le ancore da lì.

Non ho mai apprezzato tanto la mia libertà di dormire quando e quanto voglio come quando ho visto coi miei propri occhi a cosa porta la schiavitù degli altri due per due nei più begli alberghi del mondo: alla mancia per farsi chiedere, «Hanno riposato bene, lor signori?», allorché non chiudono praticamente occhio da quando si sono installati in camera.

E tuttavia, come ci si comporta – e sottintendo per non cadere nel ridicolo e nel patetico – in uno di questi meravigliosi alberghi, mettiamo il San

Pietro di Positano, allorché bisogna far passare mettiamo tre giorni che non passano mai non perché sei da solo tu ma perché ogni altro è in compagnia dolce almeno quanto la retta è salata?

Il tavolo al ristorante: non prendere il tavolo migliore, quello in prima fila prospiciente l'abisso di scogli e pini nani e dove più netta e più cinguettante è la sirenetta con risacca, non sei credibile con quella candela accesa, essa non è mai e poi mai servita da che è stata inventata né per vedere dove metti il coltello né per centrare la bocca con la forchetta; il tuo tavolo non sarà neppure in seconda ma in terza fila, la più riparata, la più modesta, la più sbrigativa; per essere sicuro che non ti venga assegnata e assegnato d'ufficio ma perché l'hai chiesto tu, non puoi entrare al ristorante nell'ora preferita dagli amanti, fra le 21.30 e le 22.30, bensì quando è ancora vuoto, fra le 20.45 e le 21 e, potendo davvero scegliere il tavolo migliore, che non ti verrà comunque rifiutato visto che già paghi circa un cinquecento euro a notte e che la più parca delle cene non ti costerà meno di ottanta euro, scegli quello che nessuna coppia accetterebbe mai e poi mai di vedersi imposto ma al quale essa nicchierebbe solo in mancanza di meglio, scegli il tavolo di terza fila, proprio come se tu fossi un camionista di passaggio e fossi capitato in una trattoria sulla strada e avessi una certa fretta di buttare giù qualcosa e rimontare in cabina di guida; pochi salamelecchi coi camerieri, che rimarranno comunque strabiliati dalla tua modestia e dal fatto che non li metti in difficoltà pretendendo da solo il tavolo che di solito può ospitare quattro persone e tutte regali – comunque, ripeto, non più regali di te, ma se sei un monarca senza seguito rischi di fare la figura del giullare licenziato sui due piedi.

L'abbigliamento da tenere: non si va a cenare da soli in abiti da gran sera, fanno troppo "Sto aspettando qualcuno", il che dopo un po', visto che non arriva nessuno, si traduce nello "Sto aspettando di accalappiare qualcuno" e sono gli astanti attorno a te che ti fanno la traduzione ovvero le pulci della tua aria di sufficienza: e chiunque possa permettersalo preferirà sempre l'originale a qualsiasi splendida traduzione; si deve essere più che eleganti, si deve essere dignitosi – pressoché invisibili e comunque démodé, sciatti con cura, ecco, seppure con camicia a maniche lunghe.

Nessuno che si mette in mostra mette in mostra i suoi lati migliori, i tuoi lati migliori o te li metterà in mostra qualcun altro o, se li fai dipendere dalla tua altisonante percezione di te, a essere esposti saranno proprio di te i lati più mostruosi.

Difficilmente qualcuno si vede con il solo sguardo che conta a perdita d'occhio: quello di chi lo guarda.

Resta solo da appurare se solo gli imbecilli si mettono con gli imbecilli o anche viceversa e poi è fatta.

Comunque, consolati: io non ho mai sentito di un intelligente che non si spacci per imbecille pur di entrare in sintonia con uno come lui.

Peccato: non sei tu nemmeno stavolta.

E non bighellonare al bar, non girare in accappatoio col ti vedo e non ti vedo che ti penzola fuori e, soprattutto, quando attaccano i violini in terrazza e le lampare moltiplicano in basso le già troppe stelle in alto, non ballare guancia a guancia da solo. La notte di san Lorenzo, alla prima stella cadente o alla prima dentata di anguria, non augurarti niente di personale come più soldi o un amore o più salute, questo desiderio va bene se lo esprimi perché accada a qualcun altro. Per te esprimi l'unico dei possibili desideri di un Single civile: meno mafia, meno chiese, meno maghi, meno oroscopi, meno lotterie, meno calcio e meno ballerine, meno machismo almeno da parte delle donne e meno fighismo, sempre da parte delle donne, e più stato di diritto.

Inganno su richiesta: galateo per le mogli di preti rinnegate subito dopo la luna di miele

Non dovendomi sorbire i cosiddetti fatti di costume o i programmi televisivi per giustificare il mio capitale di cultura e rimediare uno stipendio da subculturale, non mi sono mai occupato di monsignor Milingo né ho mai e poi mai degnato di uno sguardo le cronache che riguardavano la sua persona e quella degli indemoniati in generale. Tutto quello che so lo evinco dai titoli dei giornali che, sfogliandoli, uno legge anche non volendo. Dunque: allorché la moglie Maria Sung di 'sto Milingo afferma che il Vaticano ha ingannato, sequestrato e addirittura drogato suo marito, settario della stralunata e simpatica religione dei Moon e arcivescovo esorcista che va per i settantadue, dice, semmai proprio, solo una mezza verità: che sia vero o no, non ha alcuna importanza, nel senso che neppure la fondatezza delle sue accuse lederebbe affatto il libero arbitrio e la libertà di movimento di quell'ingannato, sequestrato e drogato d'un Milingo.

La verità è che nessuno ha costretto il nero e similporporato marito pistola alla tempia a traversare l'Atlantico per consegnarsi alle guardie svizzere: se anche il Vaticano, e ne dubito fortemente, lo tenga sequestrato è solo il trascurabile dettaglio di un *understatement* fra gentiluomini. Monsignor Milingo si è recato *sua sponte* nelle mani dei suoi eventuali quanto improbabili carcerieri né più né meno come se li implorasse: "Ve ne prego, sequestratemi, anzi, dopatemi un po'", cioè createmi un alibi per allontanare quell'intrusa di una moonista che mi reclama nel talamo; già che c'è, prega, e quindi li prega ancora: "Facciamo in modo che le appaia contro la mia volontà se rientro in seno alla Chiesa visto che nella mia apparente volontà contraria risiede il bello e il buono e il giusto della mia volontà ultima, che è quella per l'appunto di abiurare il mio recente passato di eretico prete sposato. Tanto, la luna di miele l'ho bell'e che fatta. Tutto quiii? Col vade retro satana mi divertivo di più che con satana nel retro, ve'!".

Consiglio alla procace, rotondetta, bassotta e stagionata sposina sedotta e abbandonata di non intraprendere alcuna crociata della fame se non quale pretesto per mettersi un po' a dieta: prima cosa, per riuscire a lasciarsi morire d'inedia come minaccia di fare impiegherebbe tali ere pannelliane che il Milingo fellone rischia di essere fatto beato prima che lei raggiunga i... canonici novanta centimetri di vita (o di altezza); seconda cosa, prima di essere un prete Milingo è un uomo, essendo un uomo è un cattolico e gli uomini, si sa, sono preti come tutti gli altri, l'abiura e un saltino di carriera dentro Madre Chiesa (fosse pure la filiale di una banca o di un supermercato o di una giunta comunale o di una procura) sono lo scopo della loro vita, mica l'eresia stabile che rischia di apparire addirittura una disubbidienza per finta e quindi irrimediabile. La loro specialità è perdonarsi, soprattutto fra di loro: sbagliano un po' per statuto.

Ci sono grandi destini, per così dire storici, che non si compirebbero mai se a un certo punto non ci si facesse vedere in mondovisione a rubare la marmellata di cui si ha il brevetto da millenni.

Cara ex signora Milinga, si regga forte e vada fiera di aver prestato il fianco alla gloria sempiterna di Dio con l'escamotage più rituale, classico direi: la Chiesa di domani si regge sulle eresie, quasi concordate a tavolino, di oggi. Davvero la mamma non le aveva detto niente prima, cara Maria Sung, prima di farsi possedere da un prete? E la perpetua coreana neppure? Ma che sfiga sacrosanta, neh.

La sincerità in vacca

La gente comune dice una cosa per significarne un'altra, se uno dice, come me, una cosa per significare quella è fregato, perché inevitabilmente verrà inteso non per quella che ha detto e significato ma per quella che non si è mai sognato né di dire né di significare né di far intendere.

Io non dico no per far udire sì, non è un "no, dài", o è un no o è un sì; posso anche articolarli, spiegarli, ma mai svilirli nel loro contrario, e tuttavia la qualità, o buonafede, del mio enunciato non conta niente senza la qualità e buonafede di colui o colei cui è rivolto.

Sicché mi sono convinto che io non valgo niente nei rapporti cosiddetti umani, né in amore né in amicizia né in società, perché esprimo troppo alla lettera il mio pensiero, e per eccessiva franchezza, e volontà di azzerare sul nascere ogni malinteso (che sbocca sempre su un eccessivo o addirittura indesiderato coinvolgimento), suono falso; falsa suona la mia ironia, falsa la mia allegria, falsa la mia generosità, falsa la mia onestà, falsa la mia intenzione, per esempio, di frapporre subito una distanza... concordandola sui due piedi... a chi si avvicina al mio territorio (mente, cuore, portafoglio).

Io non so cosa signifchi darsi del tutto, a parte l'ipocrisia che comprende il prendersi di qualcuno non solo il tutto ma il di più.

Se proprio sono così debole da fare il vampiro sotto le spoglie del donatore di sé, il mio sangue è ancora quello che preferisco.

Il perfetto Single non si stanchi di giustificarsi, verrà sempre preso in parola per quello che non ha detto: alla fine si convincerà che la sua forza di persuasione aveva come interlocutore non gli altri ma se stesso, anche se non funziona nemmeno con quest'ultimo.

La sincerità sincronica al suo manifestarsi è un divenire molto più spinoso e a gambero di ogni verità infine rivelata.

Cari volti qui e là

Ah, le foto dei propri cari sul tavolino centrale del salotto, sul comodino in camera da letto, sul ripiano della cucina! Cari spesso viventi, e in casa dove stanno le loro stesse foto incorniciate, talvolta defunti, spesso ancora in casa, dove si muovono come vivi. Sembra ci sia appena stata una grandinata di maniglie di casse da morto.

Il perfetto Single non avrà di queste debolezze in cornice, ricordi chi gli è caro nella memoria, non lo esponga in giro come un trofeo dell'affetto e, innanzitutto, quale attestato della sua appartenenza, pur sempre, a una famiglia.

Suggerisco – a colui e a colei che non possono fare a meno di sentirsi imparentati tramite foto ricordo – di disseminare qui e là nella casa delle foto di scimmie di varia età e razza, debitamente incorniciate, tutte in primo piano, e di attenersi alla bella trovata di Darwin sull'evoluzione della specie umana ma artisticamente, e quindi scientificamente, ribaltandola: è la scimmia che discende dall'uomo, non viceversa – per non parlare della donna, che discenderà da se stessa o da una Punto e basta.

Sempre più spesso mi soffermo a osservare come le donne siano manovrate dagli uomini, messe in posa, agghindate, pettinate, strattonate dai loro stessi fantasmi di virilità e di femminilità – dagli stessi fantasmi per entrambi chiamati realtà – che finiscono per concentrarsi nelle donne usate dalla pubblicità. Sono irreali, sembrano non avere altro piacere in testa che il pensiero di piacergli, di farsi comprare e incartare e portare a casa da un cliente. Quegli sguardi, remoti quanto sono ravvicinati i fianchi della loro vita, sembrano di occhi di manzo in scatola che dicono "Adottami, sono già addomesticata dal tuo immaginario, mi conformo appieno e sarò il tuo peluche. Puoi mettermi anche dei sottaceti negli orifizi come contorno e un carillon in bocca". Eppure sarebbero esseri umani come me, perfino la Chiesa ha loro riconosciuto un'anima ormai da un paio di secoli, ma non c'è niente da fare, non hanno autonomia, non hanno fantasia, non hanno creatività le donne, su di loro anche la biancheria intima più elaborata e *femminile* denuncia che né l'hanno creata loro, le donne che la indossano, né messa in vendita loro: loro vi prestano solo il corpo, la marionetta dentro, il vero attaccapanni, e per questo ricevono un cachet, che finisce tutto nella biancheria intima dell'anima aggiunta, ovvero sostituita a quella originale di cui ancora nessuno al mondo sa niente, o in simili automatismi consumistici di un cervello consumato.

Siccome il cachet spesso non basta, suppliscono al resto con la furbizia: la miseria che completa la loro definitiva rovina.

Le donne sono in tutto e per tutto i giocattolini animati di una società maschilista e infantile, i suoi animaletti compiacenti: le donne sono i veri animali-angeli da allevare per la macellazione in vista – e a vista.

Le donne nella pubblicità, e persino nella politica, non hanno nulla di umano perché non hanno niente di veramente politico nemmeno in famiglia.

Osservo le donne condotte al macello per la cavezza del loro fatalismo storico e non mi do pace, non capisco davvero come possano accettare questo destino e collaborare affinché si abbatta su di loro una per una come se fosse una garanzia di vita pienamente vissuta sino al più roseo dei finali.

È un roseo color sangue che colora – che sporca – tutta la società e i suoi progressi, tutti ai danni delle donne, vezzeggiate o sfruttate ma sempre per lo stesso fine: usarle come bestie da soma e come chimere da monta, e poi buttarle via.

Sarei impazzito dal terrore sia se avessi avuto un figlio sia se avessi avuto una figlia, io da solo non ce l'avrei mai fatta a cambiare in loro la solita storia del destino sociale del maschio e della femmina, non avrei potuto dormire la notte al pensiero che mio figlio potesse mai un giorno alzare la mano su una donna e che mia figlia non potesse far altro che parare il colpo, senza restituirlo – e sempre che riceverne uno dall'uomo-per-lei non sia la sua massima, e comune, aspirazione.

Niente rimpianti, o Single senza prole: bisogna essere del tutto insensibili per mettere al mondo gente che, per bene che ti vada, o è un uomo o è una donna.

Rimpiangi piuttosto di non aver potuto fare qualcosa coi tuoi testicoli e il tuo utero per mettere un freno all'estinzione dei delfini e dei koala e delle tigri e del ragù alla bolognese versione macrobiotica.

La pornografia per il sollievo anche della Single

Ho scoperto i film porno per uso domestico abbastanza tardi, nel 1990, quindi a quarantadue anni, intendo scoperti nel senso di ricorrere al loro soccorso per masturbarmi, e nel senso che, se in due, mi sono sempre rifiutato di guardarli per raggiungere l'eccitazione, problema mai mio, mi sono rivestito e me ne sono andato, non sono tipo né da Viagra per i tessuti sanguigni né da Viagra per la fantasia, se mi tira, bene, se no amen, e se non mi tira, mi tirerà, e se non tirerà a me, tirerà a qualcun altro, sempre che mi tiri almeno dietro; la scoperta di questa stampella non ha niente a che vedere né con il voyeurismo né con problemi di erezione: accidenti, problemi psicosomatici anche a masturbarmi no, almeno lì no; diciamo che, ideologicamente – perché questo è l'avverbio di qualità psichica vero e proprio –, subito dopo i quarant'anni è sorta in me la ripugnanza verso il mio proprio filmino porno mentale ricorrente, ognuno ne ha uno, non accettavo davvero più di usare la mia testa per raggiungere l'orgasmo visto che masturbarmi era un palliativo obbligatorio per rimediare al mal di testa garantito; la mia natura, profondamente erotica e per sovrapprezzo omoerotica, non mi ha mai dato pace per più di ventiquattro ore, e la cosa non mi riempiva di gioia ma di tristezza: non si può passare tutta l'esistenza alla tortura della goccia aspettando che sprizzi la prossima e per giunta andare a battere dove si prevede possa cadere in testa a te; ero stufo sia di battere fuori che di battere dentro, in testa, ecco, e del resto mi restava il problema dell'emicrania in agguato;* ho provato anche a prendere dei farmaci che contenevano inibitori ormonali, ne avevo trovato uno, per caso, un prodotto dietetico a base di prugna e aloe e bismuto che accelerava il metabolismo e mi inibiva, sì, ogni voglia sessuale, ma che mi spaccava il culo a forza di cagare controvoglia; non si tratta solo di libidine mentale come può essere mentale una macchinetta a chiavetta, ho proprio i coglioni che non fanno in tempo a svuotarsi che sono più pieni di prima, parlo di eiaculazioni abbondanti, anche più volte in una stessa giornata, di una produzione di sperma malefica, punitiva, perché nessun uomo saprebbe davvero cosa farsene di

---

* Il che significa che non è facile alla lunga conciliare l'attrazione sessuale per gli uomini con la repulsione politica per i maschi e alla fine – cioè da subito ovvero all'incirca dalla maggiore età – ha prevalso la repulsione che da politica è diventata sessuale tout court, e tutta l'intenzione della mia vita sentimentale non è stata di coronare questa attrazione ma di vincere questa repulsione, invincibile, che di fatto mi ha vinto, e alla quale mi sono definitivamente consegnato senza più opporvi resistenza alcuna.

un'eccedenza tanto ottusa e superflua e che però spinge per venire fuori, e protesta e si vendica se non la stani.

La consapevolezza che in me s'era instaurata una specie di ossessione fisiologica dovuta all'abuso giovanile (la superfunzione crea i supercoglioni, in tutti i sensi), mi ha reso il sesso qualcosa di angoscioso, di sinistro, la timbratura del cartellino dell'uomo solitario che nessuno ha mai amato d'affetto... tanto meno da bambino... e così ho scoperto la pornografia da salotto anch'io, come qualsiasi coppia sposata che contribuisce al settanta per cento (secondo statistiche di vendita delle cassette porno rispetto al fatturato dei giornali veri e propri) alla floridezza delle edicole.

La pornografia, per me come credo per tutti, non è stata fonte di eccitazione, è stato un gettare la spugna e riconoscere che la voglia sessuale è un grosso bluff che pochi vanno a *vedere*: ci si accontenta delle immagini perché gli esseri umani sono, come te, più immaginari delle immagini stesse, e perché nelle immagini gli attori scopano meglio di quanto tu stesso abbia mai fatto e ti sia mai capitato di essere fatto scopare in vita tua.

Ecco, questo è il punto: che per scopare bene bisogna considerarlo o un lavoro o un dovere o una prestazione dalla quale dipende la tua faccia e quindi la tua carriera; se fosse solo per il desiderio che spesso davvero provi e davvero fai provare, nessuno scoperebbe come si deve. E ho scoperto l'essenza della pornografia, che niente ha a che vedere con l'ovvia constatazione che essa perdura quale mercato proprio grazie alla frustrazione delle promesse che sbandiera: che gli attori e le attrici sono ammirevoli esattamente nella misura in cui fingono di essere coinvolti per essere ammirati.

Sono coinvolti non nell'atto sessuale, ma nell'immagine che di sé danno allo spettatore: meglio fingono, più risultano veri e bravi e belli e invidiabili. Coinvolgenti.

Nessuno di loro sta facendo quello che fa perché ne ha voglia, ma perché deve arrivare in fondo a un contratto nascondendo ciò che noi nella nostra vita sessuale non nascondiamo mai bene del tutto: che vorremmo piantare lì appena cominciato, che il partner non ci piace più come credevamo, che non è questo né è così che volevamo, che non vediamo l'ora di finire, che non siamo in vena per annusare odori improvvisamente sgradevoli e penetranti, che abbiamo un pensiero in testa che ci rode e trapana, non altro; siccome le pornostar sono pagate per fare all'amore, soprassiedono a ogni ostacolo di percorso e dal primo istante all'ultimo sono passionali, inventive, libidinose, affascinanti, potenti, credibili. Hanno una molla in più che all'essere umano non pornostar purtroppo manca: il desiderio è l'ultimo dei loro pensieri; la loro pagnotta dipende dalla volontà che ci mettono per fare bella figura.

Il trasporto o orgasmo, preso e dato, è in loro una disciplina professionale e quindi intellettuale e l'efficacia della medesima consiste nella percentuale con cui si autocancella e non si fa notare. L'effetto natura a valle è frutto di un calcolo – di una finzione, di un artificio – a monte che si pedina cifra per cifra e frazione per frazione senza un istante di distrazione.

Di solito uno a letto, se abbandonato a se stesso e a quel che sente, non ci mette tutto l'impegno che richiede la finzione, si limita a essere quel che è: e la sua verità è sempre un disastro alla luce delle segrete attese, ovvero indebite proiezioni invero filmiche, del partner.

Perché le prostitute sono più ambite delle donne che non si fanno pagare per fare all'amore? Perché più facili da conquistare, più belle, più porche? No, perché fingono meglio, ovvero per contratto, e quindi fingono di meno di una donna comune, costretta a fingere senza professionalità e quindi in modo palese, scontato e disastroso; perché le prostitute fanno sesso non con la loro persona ma con l'immagine che danno di sé e per la quale sono scelte. Si paga la recita del sesso, non il sesso, vista la pessima qualità che sta nel sesso gratuito.

Quelle stesse pornostar tanto brave nei film, nella loro vita sessuale fuori dai set di posa sono delle ciofeche come tutti quanti noi: il loro sesso migliore lo incidono sulla pellicola, quello peggiore nella carne di chi amano con tutto il cuore – e con neanche un metro di pellicola, purtroppo.

Il perfetto Single questo dovrebbe saperlo, se fa all'amore non dovrebbe limitarsi a farlo come sa e come può ma come si aspetta l'altro, uno spostato – e anche spostato non solo rispetto a te ma a se stesso e a come da te si è fatto conoscere prima di finirti a letto assieme.

E l'altro è sempre uno spettatore passivo da intrattenere non con se stessi ma con dei numeri: bisogna fare sesso, ormai, come se fossimo ripresi da una telecamera soggetta a un'audience e a uno share in diretta.

Non conta niente la tua realtà emotiva ma tutto l'immagine – la recita – che ne sai cavare.

Sono talmente pochi gli amanti che ci guadagnano qualcosa a spegnere ogni telecamera psichica e a fidarsi esclusivamente di se stessi che qualche corso serale di recitazione sessuale non guasterebbe a nessuno.

Da qui il fatto che molte mie amiche sagge e quindi in età preferiscono al Pube Actor's Studio una variante della mimica che è anche un volano di castità: le dita.

Alle più sofisticate mattatrici e burattinaie a un tempo suggerisco di attaccare dei fili di nylon a una mano, di attaccarli col Legnostick alle zone interessate e di muoverli come me con l'altra.

Eroica la colonna sonora di Beethoven riarrangiato in digitale da Dalla con Zucchero: *Già la nona?*

Figa da Guinness!

Sentimenti sparsi del Single spurio

Paura di soffrire per amore; paura di innamorarsi di qualcuno che ci sta solo per portarci via i nostri averi e doppia paura di qualcuno che ci sta davvero solo per noi stessi (come minimo è un maniaco, altrimenti come potrebbe stare con uno o una come noi?); paura di patire una vecchiaia senza il conforto di una parola, di cui ce ne freghiamo altamente: ma se c'è questa parola, c'è anche una mano solerte a porgerti e a portarti via il pappagallo, però; paura di stare male in casa e morire di morte lenta per impossibilità di avvisare qualcuno o di avere qualcuno da avvisare che stiamo male; paura degli ascensori affollati, paura che si blocchino per settimane e che sarai proprio tu il primo a essere fatto fuori per la sopravvivenza degli altri (gli altri hanno tutti dei figli piccoli, sono indispensabili, tu no: ovvio che in un caso del genere ne hai sempre tre anche tu; già che ci sono: mai prendere ascensori affollati senza mettersi una fede al dito, e pertanto pronti al cannibalismo d'emergenza); paura di ammalarsi, di venire ricoverati e, a parte la paura di perdere il lavoro, paura di capitare in una camera a più degenti e di dover inventare scuse con gli altri, non tanto sulla biopsia improvvisa, ma sul perché nessuno ci viene a fare visita; paura e ancora paura, sei milioni di Single italiani uniti dalle stesse paure e nessuno che ancora fa qualcosa per debellarle, a parte mettersi col primo disgraziato a tiro per reclamare l'istituzione del registro delle coppie di fatto.

Le coppie di fatto hanno un senso dai quattordici anni ai ventiquattro, dopo o sono regolamentate o sono ridicole; la passione dai quarant'anni in su che si rivolge alla burocrazia per il riconoscimento è un desiderio spento che s'inventa faville con le scartoffie; dopo i trent'anni non ci sono più coppie di fatto: ci sono degli individui consapevoli di stare insieme ciascuno per conto suo il tempo che dura; io non andrei mai a coabitare con uno perché lo amo e perché mi ama, ma con un amico o un'amica che mi stima e che stimo sì (io me lo posso permettere perché, essendo un Single perfetto, aderisco a me stesso senza dovermi etichettare per reperirmi fra le scaffalature dell'umanità in conserva: basta etichette, gente, mica siamo marche di aceto, ne siamo semmai la madre!).

È la certezza della mutua lealtà e del mutuo soccorso che gonfia di gioia il cuore del Single perfetto, non i rimasugli dello splendido egoismo erotico della gioventù.

L'amicizia nell'amore risolve i guai pratici del Single, non l'amore: chi tuttavia opta per l'amore, sia almeno tanto coerente da non lamentarsi se i suoi guai pratici, e sempre più spesso prostatici e vaginali, sono triplicati.

Sento spesso dire che due Single si sono lasciati perché si era spenta ogni attrazione sessuale; quando indago e vengo a sapere che entrambi ottemperavano puntualmente al pagamento delle bollette, al disbrigo equamente ripartito delle faccende di casa, alla passeggiata del cane o del mandrillino, ebbene, a quel punto so per certo di avere a che fare con due mammalucchi: ma, dico io, se vi foste sposati, non sareste arrivati comunque allo stesso traguardo? E ve ne lamentate? Mai sentito che due sposi, abbiano figli o no, divorziano solo perché è finita la passione sessuale? Ma chi se ne frega dell'attrazione sessuale per qualcuno che ti garantisce il rispetto e la non omissione di soccorso? La passione sessuale la trovi dappertutto e con chiunque, ma chi da vecchio o da debilitato ti smerda col ricordo e l'affetto dell'antico amore? L'amore che non germina senso del dovere controvoglia non è niente.

Dopo una certa età è meglio calare le arie con le pretese verso altri, e si parta sempre con questo presupposto: se qualcuno s'è messo con noi è perché lui ha calato le sue.

E di un bel po'.

Meglio abbondare, qui: si è sempre così presi dall'enormità del nostro compromesso che non ci viene mai in mente quella del compromesso di chi s'è risolto a starci accanto.

Io vi dirò di più: mi sembra così aleatorio andare a abitare con qualcuno nel pieno della passione sessuale che, per principio, ci andrei a abitare solo se e quando è passata del tutto: quello che resta, se qualcosa resta, è ciò che da sempre c'è stato di coabitabile.

Come dice la Previdente perfetta: oddio, m'è venuto il prolasso, però ho qualcosa di lungo da mettermi.

Contro la luce eterna dell'eterosessualità santificata

Ammettiamolo una volta per tutte: la relazione fra uomo e donna ha senso a fini procreativi, in tutto il resto è una camicia di forza per entrambi, una tortura contronatura. Quando ci si renderà conto che la relazione fra uomo e donna è la più innaturale delle invenzioni antropologiche, salterà tutto il sistema fin qui vigente: scienza, religione, finanza, politica e tutti gli altri falpalà del sistemino chiamato normalità e valori. Per fisica si intenderà finalmente o la Margherita Hack o una pin-up a piacere, ma nulla di più.

Per una coppia uomo e donna che sta bene assieme – e per le mai abbastanza considerate ragioni del rispetto e della stima, non certo per quelle dell'amore-passione e del cosiddetto dialogo –, mille stanno proprio male, perché, finito questo amore coatto, non c'è alcun appoggio di rispetto e di stima reciproci a puntellare la disumana unione per il resto del tempo – sociale, di conformità – che ci si aspetta di vivere assieme.

Non dico, con questo, che i generi debbano vivere i sentimenti loro più veraci all'interno dell'omosessualità: dico che ogni creatura umana è da sola e che, se lasciassimo fare a ciascuno la sua volontà psicofisica, rari sarebbero coloro che, o con qualcuno dello stesso sesso o con qualcuno dell'altro, andrebbero a impelagarsi *per sempre* in una coppia tramite contratto. La procreazione è oggi il vero cancro, non la cessata attività a fini procreativi. Purtroppo la procreazione in vitro, essendo un business, invece di regolamentare le nascite secondo risorsa naturale incrementerà questo cancro già in metastasi di suo per tutto il pianeta.

Vicino a me, alla Casa Bianca, abitava un pöt, ovvero un celibe alquanto distinto, prossimo ai cinquanta, uno che lavorava la terra, non si era mai sposato né, che si sapesse, aveva avuto alcuna fidanzata mai, e nemmeno un amico di osteria, dove non ha mai messo piede in vita sua. Era un uomo distante ma cordiale, un contadino di poche parole e di carattere buono quanto chiuso, arava con pantaloni neri e camicia bianca tutta abbottonata, salutava ma non dava a vedere di voler perdere due minuti per una chiacchiera appoggiando il mento alla vanga; poiché i genitori erano prossimi agli ottanta, il pöt fu convinto, non so con quali minacce e lusinghe né da chi, a sposarsi, per non restare solo, suppongo, per avere una serva. Non so niente della sposa che qualcuno, mamma o prete, gli aveva procurato. Lui acconsentì, non si sa con quale animo. Si fecero le carte fra Chiesa e Comune, si diramarono i rari inviti, cerimonia fissata di tardo pomeriggio, data l'età degli sposi, si pagò la caparra per il banchetto ai Tre Aranci, lo si rivestì da capo a piedi dal miglior sarto del paese e la vigilia delle nozze lui morì.

Io ho sempre pensato, dal momento che era sano come un corvo, che aveva preferito farsi morire piuttosto che calarsi in un abito civile che non sentiva suo.

Nessuno ha mai indagato sulle cause di questa morte, non se ne è mai saputo niente, nemmeno dai genitori che gli erano sopravvissuti per un decennio, morte forse per collasso cardiaco, forse per commozione, è morto nel suo letto con addosso i suoi pantaloni neri e la sua camicia bianca coi polsini abbottonati come la portava lui anche sotto il solleone vanga in mano nella dogaia o sulla piccola mietitrebbia.

Ha espresso fino in fondo la sua preferenza. Ha aderito politicamente alla sua intimità più intima quale che fosse: ha disubbidito. Avrà sentito che, venuta la sua ora o dalla sua parte o da quella degli altri ma ora ormai improcrastinabile, tanto valeva che quest'ora fosse ancora la sua. Se funzione lo aspettava, ebbene, che fosse funebre.

È stato preso dal panico, si è visto con le spalle al muro, aveva una qualche paura segreta verso le donne fomentata da una qualche malattia venerea di gioventù, era un culattone che aveva sublimato tutto se stesso a piccolo, impenetrabile punto, si considerava impotente, si accontentava di una puttana del Carmen ogni tanto, niente di tutto questo? O era semplicemente scocciato a morte per aver acconsentito a cinquant'anni a una risoluzione che ormai pensava di essersi lasciato alle spalle per sempre e di cui tutto il sistema, invece, non si era affatto dimenticato fino a che non era riuscito a puntargliela alla gola e a fargli sputare l'ambito rospo del sì, e che, sì, il sistema era non solo la migliore ma l'unica via di salvezza dalla *solitudine*?

Il sistema, fin lì disatteso e beffato, si è servito quale ventriloquo di convincimento di sua madre, di suo padre, del prete, di tutti e tre?

Questo non si può sapere, e non mi incuriosisce poi molto; nemmeno il fatto che sia morto a quell'età mi pare strano più di tanto, anche se non fumava, non beveva e non gli si conosceva un raffreddore... è il caso di dire che, semmai, mai emozione fu più cerebrale di questa. Ciò che non torna è come persino uno scapolo come lui sia riuscito a farsi convincere a sposarsi, se ci sono riusciti con lui, mi chiedo, ci riuscirebbero anche con me?

Intendo dire: il piegarsi, prima o poi, ai superstiziosi vincoli sociali, anche a quelli che più vanno contro il nostro carattere e volontà e inclinazione come il matrimonio uomo/donna o uomo/uomo o donna/donna, anche a costo di morirci, è la quintessenza dell'essere umano? Non c'è intima sostanza che valga nella cosiddetta civilizzazione a parte l'apparenza ufficiale del piegarsi alla norma o schiattare? Fino a quando è lecito non sposarsi e non convivere, né con un uomo né con una donna né con un cane, senza sentirsi tollerati e educatamente schivati, cioè emarginati e reietti?

Che quel pöt della Casa Bianca fosse contento da solo così com'era non c'è dubbio, che vivesse benissimo autorecluso nei suoi pantaloni neri e nella sua camicia bianca pure, che avrebbe continuato a vivere da scapolo fino alla morte naturale anche, e tuttavia, a un certo punto – a un certo punto di angherie forse decennali che noi non conosciamo –, pur di far contenti i genitori e quindi il prossimo suo, accetta di sposarsi, e al contempo, possiamo dedurre, decide e di punirli e di punirsi in modo definitivo, esemplare, per aver osato e insistere loro e convincersi lui – convincersi non a sposarsi ma a dare il suo sì ufficiale, la sua parola di massima al sistema che voleva piegarlo a sé.

Mi sembra che in questa storia ci sia la morale del novantanove per cento dei matrimoni: chi si sposa muore; un po' più lentamente dell'uomo della Casa Bianca, che ne muore al solo pensiero, che se ne fa venire il pensiero con una forza tale da morirne: di coppia si muore, mica si vive – e di coppia muoiono anche la maggior parte dei figli che ne vengono fuori, tanto che io penso che se si procreasse un tanto a testa e i nuovi umani venissero allevati in collettività, ci sarebbero meno mostri infelici e vendicativi in giro creati dall'*affetto* di tutti questi padri e madri standard obbligati dall'ideologia del familismo imperante a pensarci solo loro, ai loro piccoli principi azzurri e principesse rosa allevati per fare, e far fare, la stessa fine.

Questo uomo della Casa Bianca coerente sino alle estreme conseguenze – e il suo unico attimo di sbandamento per fingere di conformarsi conferma la sua integrità di carattere – ha battuto tutti e tutte le coppie sul tempo; ha sintetizzato e interrato in un solo istante quanto brodo gli altri allungano e distillano in decenni: ha voluto morire da Single come era vissuto.

Che sia Lui la nostra bandiera: uomo in pantaloni neri e camicia bianca con polsini abbottonati su sfondo di casa bianca, da una parte, e dall'altra stesso uomo in pantaloni neri e camicia bianca con maniche avvoltolate su sfondo di casa bianca – per Lei.

(Mica perché la Single debba sgobbare più del Single, ma perché una Single si fa su le maniche pronta a sudare le quattro camicie pur di passare dall'altra parte della bandiera lasciando vuoto il suo spazio per andare a intasare quello dell'altro.

Chissà perché un Single lo vogliono tutti e una Single solo chi Single non è.

Ah, se le Single imparassero a tenere la figa al suo posto, non la perderebbero per fare un favore alle mogli che non ne possono più dei loro mariti!

Un Single autentico non è certo una figa vagante o filante che vuole, di quelle ne ha a profusione dentro ogni Dancing con Ballo Liscio, visto che ormai le donne pagano il biglietto e due uomini su tre entrano come vogliono – per ritrovarsi magari solo in due a pascolare in pista mandrie e mandrie di donne solitarie.

Per ogni entrata, la carestia determina gli omaggi, l'abbondanza i prezzi.)

Post scriptum: circa un anno dopo avere steso il ricordo di questa morte quasi *bianca*, bianca come un incidente sul lavoro di vivere, che non finisce di traballarmi in testa, in una lettera dell'unica persona con la quale mantengo ormai un epistolario da anni (e senza averla mai incontrata, visto che ci siamo conosciuti nell'unico modo che si può conoscere uno Scrittore: attraverso i suoi libri), trovo alcune frasi, e una in particolare, che mi danno la chiave, oltre che del mio stato personale, dello scrigno nello scrigno dello scrigno più segreto dell'uomo della Casa Bianca. Trascrivo (infedelmente solo a fini riassuntivi e di comprensione degli antefatti): *Ha visto che avevo ragione quando le dicevo che non c'è niente di speciale nel rapporto di coppia? Sono contento della sua risposta e delle sue definizioni riguardo alla pochezza della mia relazione sentimentale, anche perché la penso esattamente come lei, visto che so di stare con qualcuno tanto più immaturo di me con cui non posso certo avere gli scambi che ho con lei e con cui, in generale, a parte letto e emozioni così, legate più alla sua freschezza fisica che alla sua rilevanza intellettuale ed emotiva, non ho transazioni né ciclopiche né enciclopediche! E mi sta bene così e non lo cambierei con nessun'altra persona al mondo. Nella sua lettera trovo però in lei un sognatore che gioca a fare il* *realista. La visione dell'amore che lei propone è irreale, astratta, canonica. "Aderire al medesimo sogno in due" è bello ma irreale.** Lei mi insegna che l'unicità dell'individuo è la sua risorsa più grande: dunque perché pretendere di essere unici in due? Le pretese verso l'altro riguardo ai rapporti di qualsiasi tipo sono la causa delle incomprensioni. Nella retorica dell'amore si costruiscono le aspettative. La realtà non è mai quello che sogniamo. Nella realtà si sta in coppia con chi ti fa stare meno peggio, non con chi sognavi, anche perché quello forse sei tu. Certo che il mio discorso vale per persone come me: normali, nella norma, appunto. Certo che la mia relazione assomiglia a quella di chiunque altro, lei stesso mi scrive "anch'io ne sarei capace", lasciando capire la sua delusione per una relazione così insoddisfacente, parziale, tutta coi piedi per terra. Ma sappiamo entrambi* (ecco il primo riferimento da me decriptato quale prima mandata nell'intimo serrame dell'uomo della Casa Bianca, NdA) *che lei con la norma non c'entra proprio! Io penso che la condizione di un genio non sia paragonabile alla mia né a quella di nessun altro. Chi crea cose mirabili come lei fa* (e come faceva l'uomo della Casa Bianca, che coltivava e mieteva i suoi campi di grano, di frumento, di foraggio tutto da solo, NdA) *non può ammettere debolezze o las-*

---

* In verità, credevo di essere stato chiaro nell'assunto della mia lettera riguardo all'amore come un aderire al medesimo sogno in due e sono stato costretto quindi a specificare nella lettera seguente che intendevo, e intendo, "aderire al medesimo sogno ideologico in due" – minimo, e in due tanto per avviare una sequenza di numeri fuori dall'uno.

sismi. Il genio non esige che siano uno o due affetti particolari a dargli la forza che guida il suo destino (l'uomo della Casa Bianca avrebbe continuato indefesso e sereno a guidare il suo aratro e la sua piccola mietitrebbia anche senza una moglie e una prole che dessero un senso alle sue messi, così come io scrivo senza aver bisogno di alcun lettore e critico, in verità, per continuare o no a farlo; cito questo passaggio sul genio riferito a me con la stessa indifferenza o amor proprio con cui citerei un insulto; a me preme far notare che, secondo il mio illuminante lettore, genio, me a parte, sembra essere chiunque viva e campi fuori delle norme e delle comuni aspettative sentimentaloidi, il che, a prescindere dal mestiere che fa e dai suoi risultati, significa che vive quasi sempre da solo e che mai e poi mai è un banale anarchico o un risaputo bastiancontrario, è un incendiario che attizza il proprio falò, uno che si assume tutti i doveri e gli oneri della convivenza civile senza mai averne in cambio un riconoscimento di merito o di valore, è un martire laico la cui prima occupazione esistenziale e sociale è nascondere ogni traccia del sangue che versa ogni giorno per vivere come vive e la seconda è non permettere comunque di essere usato per fini che non sente propri; è qualcuno che sta dando un esempio estremo non a questo o a quello e non soltanto in questo momento qua, ma all'umanità intera da questo preciso momento in poi e lo può fare idealmente e soltanto nella e sulla propria pelle, non essendo mai e poi mai un uomo di potere che piega a sé chi non vuole insegnamenti e esempi da lui, che grazie alla coercizione in altri dei suoi valori entra così nella solita Storia, senza di fatto avere lasciato nulla di tanto nuovo e speciale che valga la pena di essere ricordato; infine, ha ragione il mio caro amico di penna: così com'è difficile immaginare un cretino da solo, è difficile immaginare un genio in compagnia, NdA). *Il genio è unito a tutto ciò che esiste, e a ciò è legato forse anche suo malgrado. Personalmente ho sempre pensato che il suo riferirsi all'amore sia più letterario che vissuto. Vede, io ho dovuto vaccinarmi dalle mie idiozie attraverso le esperienze. Ora so che potrei fare a meno di un rapporto di coppia, così come faccio a meno della religione dopo essere stato un cattolico e poi un testimone di Geova, della droga dopo essere stato un tossico ecc., ma per esserne intimamente convinto ho dovuto entrare con tutto me stesso in queste situazioni e ora sono vaccinato! Lei è nato vaccinato e si è risparmiato un sacco di cazzate. Riassumendo: non c'è niente che valga la pena di essere invidiato. E così abbiamo sotterrato anche l'invidia.* (Adesso arriva la stoccata finale a me e quindi alla serratura a tripla mandata dell'uomo della Casa Bianca, adesso arriva qualcosa che squarcia la nostra più profonda verità, di certo la mia, NdA) *Contrariamente a quasi tutti gli uomini e a tutte le donne del mondo presente e passato, non credo che lei riuscirebbe a considerare una persona come la parte più viva della sua ragione di essere.*

Come ti sistemo la vecchia placentara

La Single che non ha incontrato chi voleva si consoli al pensiero di quante donne sono state fatte appaiare con chi non volevano e, se avessero potuto scegliere, non avrebbero mai e poi mai voluto, e si sono dovute tenere per tutta la vita.

E sono così tante le donne che si sposano in base a un calcolo economico – per la mera sopravvivenza – che deve considerarsi fortunata colei che non si è sposata perché ha sbagliato tutti i suoi calcoli.

E di più ancora sono le donne intelligenti che per paura di restare sole si sono maritate con uomini idioti che una donna idiota ma da sola è l'unica veramente intelligente del gregge.

Ho conosciuto tante di quelle mogli donne per forza che al confronto le donne mogli per forza sono una minoranza.

Di che ti lamenti, o Single per forza? Di non esserti maritata magari per forza? Del fatto che una famiglia o un marito è meglio di niente? che quando rientri a casa non hai nessuno, nemmeno un figlio drogato o ultrà, che ti picchia e ti fa sputare sangue fino a che non dici dove tieni il borsellino? che potresti essere già nonna e invece devi fare ancora la donna alla tua età?

Poche sono le Single per scelta, mentre quasi tutti gli ex uomini... pardon, gli ex Single... sono mariti per forza.

Già, le gioie del focolare domestico, e quando ti prende la mancanza delle gioie da focolare domestico: va' a fare una visitina al primo ospizio a tiro, va' a consolarti con una delle tante mamme e dei tanti padri ancora in gamba in attesa della visita domenicale di uno a sorte dei loro cinque figli sposati che li ha sistemati lì perché né da lui né da lei c'è posto per una persona *in più*.

Vado, ti ammazzo e torno

Virtualità, tu resti la più sanguinaria delle vendette femminili – e la meno passibile di essere messa a verbale.

In questo senso si potrebbe dire che la prima donna che si è innamorata di un uomo ha scoperto Internet e i suoi vantaggi, e che niente che si agita sullo schermo della modernità non risalga all'età delle caverne – per non fare gli antimodernisti e affermare che il tutto le è semplicemente sincronico e che, dopo il fuoco, non si è scoperto altro che acqua calda.

Dai quarant'anni in su la gelosia dovrebbe essere proibita per legge, poiché la gelosia, anche se lusinga il fatto di esserne oggetto, comporta il senso del possesso esclusivo dell'amata o dell'amato – e ancor di più della e del recalcitrante a essere oggetto di possesso.

Tuttavia, dal numero di omicidi passionali, si deduce che le lusingate dalla gelosia finite ammazzate sono infinitamente più numerose dei lusingati che fanno la stessa fine. Gli otelli hanno il coltello e la pistola più facili delle desdemone che continuano a cadere dalle nuvole e al momento cruciale non hanno mai neppure un tamburello per farsi scudo.

Alla perfetta Single non conviene suscitare gelosia, ma dato che la gelosia va per conto suo a braccetto coi suoi fantasmi e se ne frega se l'amata va o no a braccetto con un altro uomo reale, alla perfetta Single conviene rigare dritto e troncare immediatamente col cinquantenne che dà segni di irrazionale senso di possesso; farà anche piacere sentirsi proprietà immobiliare di qualcuno, sentirsi pedinata come una pattina e perlustrata come un'abitazione che l'inquilino considera sua solo perché versa regolarmente l'affitto e perché rispetta il canone nelle sue formalità, ma un'abitazione così finisce per diventare una porcilaia che produce merda secca alla quale, alla fine, non resta che dare fuoco con tutto quello che c'è dentro e che c'è fuori.

Un cinquantenne già impegnato – o giustamente già piantato o trascurato dalla moglie emancipatasi dalla schiavitù – o anche un quarantenne già separato che si innamora di una Single di trenta che lo ricambia nella densa, imprevedibile magia della sua libertà e della sua autonomia, nell'attimo in cui tocca il cielo con un dito si sente la terra franare sotto i piedi, e usa la gelosia per nobilitare la sua cattiveria di fondo, il suo odio pregresso contro le donne e contro gli uomini, più giovani concorrenti, che gliela potrebbero fregare da un istante all'altro.

La gelosia nei confronti di una persona di un certo sesso è la confluenza del bifido odio per entrambi i sessi: l'odio nei confronti dello specifico sesso della persona amata ammonta alle brutte esperienze fatte in passato, l'odio nei confronti del sesso opposto ammonta alle brutte esperienze in agguato.

Gli uomini gelosi stanno solo cercando un alibi per farla franca, e purtroppo fanno sanguinariamente sul serio, a tutte le età. Bisogna che la Single indaghi a fondo sulle esperienze passate del suo pretendente prima di concedersi, non tanto perché è importante che sia ciò che sia, impegnato o sposato o divorziato o addirittura tuttora felicemente coniugato, ma per essere sicura che ha elaborato tutti i suoi eventuali lutti verso le esperienze belle e brutte del suo passato, e non sia in verità alla ricerca di una vittima sacrificale che possa rappresentarle tutte in un colpo – di coltello.

Per il Single, il problema di un versamento cruento di sangue non si pone affatto, egli può mettersi indifferentemente con una signora sposata o con suo marito e nell'un caso come nell'altro farà il gioco di entrambi con soddisfazione e nessuno scandalo da parte di tutti e tre.

Le donne sposate non si innamorano mai a fondo di un uomo che non può diventare loro marito perché uno ce l'hanno già e gli basta e avanza, in loro la follia omicida è già scattata a suo tempo e ha già fatto il suo tempo; se sono possessive con un Single, lo sono modicamente e con la modica spesa di una lacrima sul viso se la presa gli sfugge un po', preventivata per inumidire gli occhi e renderli più grandi e più belli; hanno, loro sì, il gusto dell'avventura e morta lì, e non credo che, a donne sposate se di mezzi, un Single gratis procuri più brivido di trasgressione o abbia ai loro occhi più pregio di uno a pagamento.

Non stanno pagando un uomo, stanno solo facendoselo offrire da un altro, il proprio marito, e non sempre a sua insaputa.

I delitti delle donne sono sempre perfetti, non resta mai traccia: né dell'assassinio né dell'assassina né dell'assassinato, il più all'oscuro di tutto e di tutti.

Una donna che si rispetti non ha alcun bisogno di mettere al corrente la sua vittima, va, l'ammazza e torna, e senza doversi muovere dalle coltri coniugali o dall'alcova clandestina, e la mattina, puntuale, le porta pure la colazione a letto.

Millenni di esercizio cosiddetto interiore e di fatto addestramento all'arma bianca più spietata...

Si può spiegare il contenuto numero di omicidi di uomini – e è un vero peccato che siano così pochi – compiuti dalle donne solo se ci si pone la stessa domanda che in questo istante un paio di miliardi di donne si pongono sorridendo piene di mestizia a un marito, a un fidanzato, a un amante: "Come si fa a uccidere un uomo morto?".

Da parte sua, la Single che si mette con un uomo sposato – e non vedo con chi altri disponibile sulla madre Terra possa mai mettersi – dovrebbe tenere a freno l'intimo e segreto gusto della vendetta verso una moglie tradita e una prole ingannata su cui quasi sempre ella fonda la sua relazione.

Altre dovrebbero essere le certezze, e le speranze, che la animano.

Anche in questo caso il difficile è trovarle.

Dello strapparsi l'amore dal cuore

Le mie personali storie d'amore sono morte tutte sul nascere; di un paio posso dire che erano senza speranza perché non ricambiate nel modo più assoluto e del paio che resta che non sono state ricambiate quando e come lo volevo io, o che avrebbero potuto essere ricambiate a certe condizioni, per me umilianti, solo quando io avevo già deciso di strapparmele dal cuore.

L'esperienza di strapparsi l'amore dal cuore è l'unica esperienza d'amore che, per quanto tutta solitaria, mi è mai stata messa a disposizione da un uomo.

Mi sono innamorato per disamorarmi, direi se dovessi fare un riassunto della mia vigilia sentimentale a due.

Le persone con cui ho parlato di queste mie storie di non amore esprimono tutte la stessa riserva: se tu lo avessi veramente amato, questo o quello, avresti superato ogni ostacolo, anche l'umiliazione dell'orgoglio ferito.

Il fatto che io mi sia innamorato spesso in un baleno e che abbia sofferto con tutta l'anima per anni per strapparmi quel dato uomo dal cuore (senza mai averci più a che fare dal momento stesso in cui per potermi avere mi chiedeva di abbassare la mia persona alla macchietta alla sua portata), sembra non contare niente per questi miei confidenti, non sembra alcuna prova d'amore, né alcun amore, per quanto ringoiato.* Infine, queste persone che hanno raccolto le mie paturnie sembrano dubitare non tanto della mia buonafede quanto di un mio reale appetito: perché, secondo loro, il mio appetito sessuale, se ci fosse stato davvero nei confronti di questi uomini di cui mi sono perdutamente innamorato, mi avrebbe fatto perdere ogni resistenza e controllo.

È falso anche questo, secondo me: io li desideravo oltre la mia carne stessa, e inoltre avevo un bisogno disperato di fare sesso con amore, perché io non sono uno che l'amore inibisce sessualmente, io per amore faccio un sesso che è mille volte più libidinoso del sesso che faccio tanto per fare sesso. Io per amore recito nella vita il sesso come un attore porno riesce a recitarlo solo in un film, sono cioè me stesso fino in fondo all'altro.

In amore, e nel resto, rinuncia a uno stile – e si corrompe alla mancanza di stile altrui – solo il fortunato che uno stile non l'ha mai avuto e al quale importa il fine, non il mezzo per arrivarci; ma chi

---

* Apri *Un cuore di troppo*, romanzo dello Scrittore, 2001.

non ha uno stile da rispettare e da far rispettare, massimamente dove è più difficile, in amore, non ha amore né da dare né da ricevere, si accontenta della sua psicosi solitaria che alimenta con quella dell'altro, l'uno a danno dell'altro, per vedere chi dei due si divorerà prima (beati loro, ma un appetito così è fuori, se non dal mio interesse, dalla mia portata).

L'amore non è uno slancio giù in un burrone o in un grosso burro, è la costruzione rigorosa di una chimera a due teste su un unico corpo.

Se i corpi sono due e la testa è una, vuol dire che non c'è né quella dell'uno né quella dell'altro.

Ora, è mai possibile decapitare o farsi decapitare fosse pure per amore? E chi risponde di sì, come questi miei amici che mi criticano per avere preferito strapparmi l'amore dal cuore piuttosto che viverlo per quella creatura acefala che era, lo fa con quale testa?

Avrei vacillato solo se qualcuno di questi criticoni mi avesse rinfacciato che anche per me, sì, vanno bene le due teste su un unico corpo, ma a patto che, soverchiatore come sono, entrambe siano le mie.

Strategie d'amore dopo gli anta

Quando si arriva a metà secolo, la mente è sempre attiva, è l'uccello che langue e la passera che cova perché assonnata: quindi più del sesso piace l'idea. L'idea è meno impegnativa dell'azione che ci si augura ne derivi, corrisponde di più alla nuova fisiologia sessuale, travalica le ammaccature, o cicatrizzazioni veneree, del passato; a cinquant'anni gli organi sessuali non sono più tanto in ordine, gli ormoni arrancano come oche col pâté già inscatolato, e a metà coito il maschio comincia a chiedersi, "Ma perché devo faticare fino in fondo?", e l'erezione fa gnao.

Per amore della persona sotto o sopra, o anche solo di lato, te la senti di faticare fino in fondo, ma se è solo per il cosiddetto piacere che ne cavi tu preferisci un piatto di seppioline coi piselli anche col microonde.

Fino a quaranta meno ami meglio scopi, dopo o ami o non scopi più, scopicchi: io, che non volevo mai essere preso alla sprovvista, ho cominciato a scopicchiare verso i ventiquattro, sicché me ne intendo a cinquanta come uno di centosettantacinque.

Questo preambolo per dare un ordine perentorio al perfetto Single e alla perfetta Single: o si ama e si scopa secondo l'idea che ognuno se ne fa o ci si astiene dal sesso per il sesso poiché, se è senza quell'amore corrisposto che desideriamo, non è più nemmeno sesso, è un tiramolla di mou che ti porta via ponti dalle arcate dentarie e capsule spaziali da ogni sognante firmamento, compreso quello del parato.

Come capita adesso a me: ero sicuro di star rimasticando gomma americana che avevo attaccato sotto la scrivania e invece era un altro cazzo. Si vede che mi sono sbagliato di tavolino.

Io alle allupate e agli allupati dopo i cinquanta che fanno tappezzeria cattolica nei ventitré privé del solo Bresciano, tanto per dire un luogo e il suo numero di contrassegno, posso dare la mia compassione e la mia pena, non il mio tempo: lasciamo che questi scambisti, tutti o sposati o separati o statali, se la menino tra di loro, il perfetto Single e la perfetta Single non frequentano locali simili, che confermano quella stessa struttura di controllo sociale dalla quale chi ci va si illude di sfuggire. Il privé è una dépendance della sagrestia, è l'agora conclusiva del catechismo iniziato all'oratorio.

I locali per incontri sessuali, e notoriamente anche quelli gay, stanno vivi grazie alla frustrazione dell'idea che si fa chi ci entra, e chi ci ritorna ubbidisce allo stesso impulso del giocatore d'azzardo che nella fola di rifarsi della perdita punta tutto e poi si suicida.

Il perfetto Single ha fatto, si spera, tutte le esperienze immaginabili possibili per sfuggire alla solitudine, ora faccia quella più sconvolgente di tutte: accettarla.

Non è possibile che anche l'accoppiamento sia un servizio resoti da terzi che, per il prezzo di un biglietto, ti mettono a disposizione un sofà, una luce, un portacenere e il kit del cazzo.

Non è ammissibile essere arrivati a quarant'anni e non sentire tutto il fardello del dover recarsi in luoghi deputati al sesso per sfogare ciò che sfogare non si può: un'idea, un ideale, una speranza, un'energia più vasta di quella che compete – e che si riduce – a una scopata di malavoglia.

Si dovrebbe portare la nostra sessualità fuori da ogni convoglio di massa a destinazione prefissata, si dovrebbe potere fare incontri sessuali andando in posta, dal fornaio, al supermercato, in banca, dove saremmo colti e coglieremmo di sorpresa. Se nel sesso la destinazione è già preventivata, non hai neanche voglia di mettere fuori la testa dai pantaloni.

Il perfetto e soprattutto la perfetta Single porti sempre con sé lo spray accecante al peperoncino e vedrà in che quantità industriale si troverà a usarlo se non aspetta lo stupro o la rapina ma si accontenta di chi, *prima*, chiede:

«Che cosa ti piace fare?»

Odio l'idea della crociera per Single, dell'escursione organizzata per Single, della cena per Single, dell'associazione di Single: nessuno dovrebbe etichettarsi e presentarsi e frequentarsi in quanto tale, alla seconda volta è come all'incontro semestrale fra i fornai o i calzaturieri, si esplicita di un mestiere ciò che è già alla conoscenza di tutti, ma nessuno rivela i suoi trucchi a qualcun altro.

Se due Single si incontrano in quanto Single, sono sicuro che si verranno a noia perché non c'è cosa che pensi, senta e dica l'uno che non sia pensata, sentita e detta dall'altro non appena toccherà a lui o a lei aprire bocca.

Se vuoi essere sicuro o sicura di partire col piede sbagliato anche dopo dieci anni che non hai più una relazione, di' subito che ti senti tanto solo o tanto sola e gli anni diventeranno venti per incanto.

Non rivelare ovvietà, se non vuoi esserne sommerso.

Il trucco sta proprio qui: far tacere se stessi se si vuole far tacere l'altro.

La prima fase deve essere la seconda: da' per scontato che se dai voce alla tua voce pensando che sia qualcosa di particolare e di originale in sé, stai solo riproducendo l'eco della voce segreta di chi ti sta davanti e già si sente scavalcato, annientato.

Il perfetto Single non parla mai di sé, è noioso e insopportabile come gli sposati che snocciolano le loro paturnie a una persona libera, trattandola di fatto come se fosse un assistente sociale o la puttana, un uomo, della sera prima.

Il segreto perché l'altro si faccia in quattro per toglierti ogni senso di colpa è addossarsele tutte; se cominci a incolpare questo e quell'altro della tua solitudine e dei tuoi fallimenti, l'altro automaticamente si vedrà già in fondo alla stessa coda dei colpevoli senza aver ancora fatto niente per meritarselo, penserà che sei solo un gran rompipalle e ti lascerà nel tuo brodo di recriminazioni.

Inoltre, a cinquant'anni, e anche dai quaranta se portati bene, al perfetto Single il calo di testosterone non dovrebbe dare maggiore preoccupazione dell'aumento di forfora. Dov'è il problema? Invece di farti menare l'uccello, ti farai spolverare il bavero della giacca.

No

No, questo non è un manuale di sopravvivenza, così non indicherò, per esempio, gli alberghi che accolgono la persona da sola con lo stesso entusiasmo con cui ne accolgono due: non esistono. Per la stessa legge dell'ottimizzazione delle camere e del profitto non ne hanno mai costruiti.

Non c'è niente da fare: anche in Spagna, dove si fa fare tutto a te e si fanno pagare a peso d'oro per starsene inerti, la paella, se proprio devono fartela loro, è minimo per due; non se ne esce: una persona da sola negli alberghi la si vuole solo se paga per due, e se non interviene una legge che obblighi ogni albergo e ogni ristorante a riservare una percentuale di stanze e di tavoli strettamente per una persona, nessun imprenditore ci arriverà mai da solo. Teme di perdere e non sa che farebbe affari d'oro.

È così sgradevole occupare una camera che ti viene data controvoglia perché non sei in coppia che io, quando devo prenotare un albergo, sto ore e ore a pensarci, come se dovessi prima crearmi un alibi per un delitto imminente.

Una volta ho telefonato – da San Francisco – a circa centoventi alberghi di New York, dagli ottanta ai quattrocento dollari a notte, e, sarà stato il periodo particolarmente famigliare qual è quello di Natale, ma la camera non me l'ha data nessuno. Sono andato a finire nel New Jersey, che è come dire che uno che vuole prendere il cappuccino e brioche a Milano deve pernottare a Verona, e anche lì ho pagato per una camera doppia (nel senso che la differenza, pressoché internazionale, rispetto a due occupanti è solo del dieci per cento).

Fino a che non ci sarà una legge, quella stessa legge auspicata di prima, che vieta che il prezzo della camera per il Single sia superiore, diciamo, al sessanta per cento del prezzo per la stessa camera occupata dalla coppia, il Single non avrà alcun valore sociale e politico.

Se non si comincia da qui, non si arriverà, come per le coppie di fatto, al registro per l'iscrizione dei Single di fatto, ma se non si fa niente, presto verrà reintrodotta la tassa sul celibato e, governo ladro, la multa per la spia che non piscia in compagnia.

Guardate con quale tracotanza muove il suo coltello sulla forma di taleggio il banconiere che vi sta servendo e che sa bene che siete Single:

«Quanto gliene do?»

«Non molto.»

«Così?» e il coltello si ferma su una porzione formato famiglia numerosa.

«Un po' di meno.»

«Così?» e il coltello si sposta leggermente più in qua, ma la porzione è pur sempre per coppia con due figli, grandi, mangioni.

«La metà.»

«Ah, è a dieta.»

«Sì» risponde anche l'anoressico o l'emaciata più spinta.

Bisognerebbe invece avere prima il coraggio di dirgli «A dieta sarà lei e quella troia di sua moglie» e poi di fare il giro del bancone, strappargli il coltello, puntarglielo alla fronte e chiedergli «Va bene un pezzo così?» e giù di taglio.

Io non dico più niente, non ci ritorno più, sono stanco di buttare via roba che non ce la faccio a mangiare e mi ripugna l'obbligo di mettere il superfluo nel congelatore, detesto i cibi freschi congelati, anche se sono abbastanza realista da farmi piacere alcuni prodotti surgelati.

Comunque, per principio, il perfetto e la perfetta Single non rimetteranno mai più piede nel supermercato dove non tengono la confezione di burro da un etto, dove la confezione minima di fazzoletti di carta è di dieci pezzi e la rete di patate da cinque chili che già comincia a fare un caldo ma un caldo che fioriscono prima di arrivare a casa.

Che te ne fai di cinque chili di patate il 20 giugno? Te le tiri dietro e poi corri più forte di loro per farti centrare cantando *Maledetta primavera*?

No, no e poi no.

Meglio cantare *Strangers in the Night*.

Care maremmane

Chiamiamo impropriamente attrazione sessuale quella che altro non è che attrazione ideologica; quando mi si guarda stralunati allorché dico che non so cosa significhi l'attrazione sessuale, e ovviamente non mi riferisco nei confronti delle aringhe affumicate o delle donne, rispondo che essa non esiste di per sé e che è uno dei tanti travestimenti dell'ideologia politica, che altro non è che una variante dell'estetica, che informa o respinge il nostro desiderio.

Nessuno, per quanto si illuda del contrario, nemmeno un gay se vogliamo usare un'iperbole, è attratto da un corpo maschile in quanto tale, neppure se in costume da bagno o addirittura nudo, per quanto ritenuto affascinante nel suo mutismo di sconosciuto o dotato e promettente nei suoi genitali, ma semmai di come cammina, di come guarda o ignora, di come sta seduto, di come occupa uno spazio, di come sfoglia un giornale e morde un panino, tutti indizi della sua ideologia di fondo, magari inconsapevole ma pur sempre ideologia assunta secondo parametri sociali, modelli di comportamento, modi indotti di comunicare attraverso uno stile o la sua mancanza, di esercitare una seduzione intorno a sé che colpisca sostanzialmente un suo simile, simile per ideologia seppure completamente diverso per età, classe, razza, cultura, *status symbols*.

L'attrazione puramente sessuale o *animale* nel regno dell'umano è un'invenzione mitologica – un'altra – per ingigantire, e allo stesso tempo semplificare, il discorso soprattutto in un paese eroticamente così limitato e superficiale e privo di colpi di scena e prebenedetto come l'Italia: nessun uomo, neppure se icona cinematografica neorealista, si sente accendere di passione per una mondina perché è bella come lo era Silvana Mangano e ha le sue belle gambe fuori dalle braghe corte al ginocchio, ma perché con un cappellaccio in testa sta china sulla risaia; la stessa donna, vestita da regina e messa in un palco della Scala o spogliata del tutto e immortalata in un calendario, non porterebbe a cottura un solo chicco di quel gran risotto in eterna ebollizione che è il nostro insondabile desiderio per un nostro simile, simile anche se del sesso opposto o opposto ai nostri parametri razionali.

Per nostro simile intendo, appunto, anche quel dissimile da noi che, situandosi all'estremo della nostra consapevole conoscenza di noi medesimi, coincide nell'arcana armonia di una medaglia in cui una faccia non sa niente dell'altra che pur le permette di sussistere in un'unità inscindibile, di pari nel contrario.

In sauna vedo uomini bellissimi, e così cazzuti che ti fanno male gli occhi, ma un ancheggiare di troppo o un sorriso effeminato o una frase fatta detta come se fosse una grande originalità (ecco: lo sconosciuto misterioso esce dal suo mutismo, corrompe il suo mistero rendendolo obsoleto) o un'esibizione di iattanza muscolare li cancella di colpo da ogni mio possibile desiderio di sfiorarli anche solo con un dito. Li sento ideologicamente inferiori, zavorra lasciatami alle spalle da ere geologiche del pensiero e del gusto e del volo intellettuale, ecco, e il sesso con loro sarebbe una fonte ansiogena, quando non del tutto secca, un rispolverare vecchi altarini di stereotipi fallocratici su cosa è e non è virile e dai quali mi sono emancipato per sempre (e non ho alcuna voglia di fare marcia indietro per fare un fioretto ovvero seguire un funerale di testosterone altrui morto in me da quel dì).

L'attrazione cosiddetta sessuale è oggettivamente una tale chimera (non solo per me, ma per tutti e per tutte: non parliamo poi delle donne e dei gigolò attratti dagli uomini di potere, non per niente detti "di panza", spesso cascante) che il desiderio di rivedere una persona con cui ci si è trovati bene a letto prescinde dal fatto che ci si possa essere trovati anche male; la curiosità che essa ci suscita non è di rifare sesso, ma di mettere di nuovo a confronto un'ideologia che accomuna ben più in profondità di qualsiasi trasporto sensuale ben affiatato e reciprocamente soddisfacente. La mia tesi è che non basta – che, anzi, non è – né l'amore né l'attrazione fisica né il sesso a tenere insieme una coppia, perché allora l'odio reciproco, la ripugnanza e la sopraggiunta astinenza tengono insieme molte più coppie e molto più a lungo. La moglie di un avanzo di galera che era stato l'ultimo amante di Truman Capote e che, per soldi, aveva cercato perfino di ammazzare lo scrittore, dichiarò in un rapporto di polizia più o meno quanto segue: "Mi picchia da vent'anni, mi deruba, mi umilia in pubblico, mi tradisce con uomini e donne, i figli non sa neppure se esistono, mi fa battere, mi lascia sola con i creditori, mi ha impestato di sifilide, durante l'ultima sbronza ha cercato di strangolarmi ma io lo amo e non lo abbandonerò mai". Attrazione sessuale? No, attrazione ideologica per il male, il sadismo, il martirio, la testardaggine di riuscire a cambiarlo: quel giorno che un tipo simile smette di picchiare una simile moglie e tiene fede a tutti i suoi impegni di marito e di padre e la porta fuori a ballare e le dice, «Come ti sta bene, tesoro, quel taglio di capelli», lei gli molla due sberloni, sbatte la porta indignata e lo pianta sui due piedi.

Chiunque di noi fa del sesso abbastanza decente se mosso da una discreta libidine autogena, ma pochissimi sono coloro che, soddisfatto quel bisogno anche in modo eccellente grazie alla cavia di turno, davvero vogliono rivedersi: il sesso, da solo, neppure se esaltante, non ha mai deciso un nuovo appuntamento; se un appuntamento si dà, è perché la curiosità si è spostata, magari a nostra insaputa, ma non ristà o ristagna più nel fine sessuale, ma nel fine, diciamo, erotico ovvero ideologico alla grande (in cui, al sesso, si unisce un'oscura possibilità di amore, cioè di corresponsione/distanziazione culturale, per non dire artistica in senso plastico, psichico, di scontro/incontro fra materiali compatibili, ovvero anche apparentemente incompatibili): la curiosità si è spostata verso lo stile globale dell'altro, cioè nell'ideologia che, ancora in maniera larvata e non ancora al suo massimo grado, fa al nostro caso. Magari essa si incontra con l'altra solo per scontrarsi, ma questo non importa: è stata attivata, per attrazione o anche per repulsione o solo per la voglia di modificare qualcuno o esserne modificati, un'energia profonda, una speranza attiva che più attiva, e politica, non si può, e erotica in modo esponenziale che niente ha a che vedere né con la pari qualità né con la piatta quantità del sesso che fai o no con chi ti ha eccitato in modo *ideologico*.

Io, per esempio, mi sono innamorato alla follia di uomini del tutto borghesi, per non dire blandi fascisti, con i quali non ho mai scopato solo perché temevo di smettere poi di continuare a metterli in crisi e a farli ritornare da me, calamitati ideologicamente (non sono un grande scopatore, il sesso mi annoia da decenni: lo faccio, a valanga, solo per ammazzare la noia, ideologica, che mi dà il non farne ancora più del farne).

Per principio, non si scopa con uno di destra, con un uomo sposato, con un uomo fidanzato se non per "metterglielo nel culo" in senso figurato, proprio ricorrendo alla doppia valenza anche verbale insita nella discriminazione sessuale secondo la quale il verbo "fottere" significa "avere la meglio su un fesso" o "offendere chi si crede più furbo di te" o "umiliare chi pensava di umiliare te": si sostituisce l'azione fisica dell'inculare all'azione ideologica, sempre meno gratificante per chi la subisce, di sconfiggere, rendere innocuo, "metterglielo in culo" metaforicamente (su, perfette Single di sinistra, datevi da fare anche voi: con i tempi che corrono, avete sfilatini a iosa in doppiopetto per i vostri denti e le vostre dentiere).

È anche vero che ho continuato a amare qualcuno per anni anche se il sesso con lui era davvero miserabile e frustrante, ma magari perché di costui mi coinvolgeva l'anaffettività non solo con me ma con il mondo intero, perché mi appassionava la sua solitudine sentimentale, la sua crudeltà mentale, di cui era la prima vittima, legata al fatto di essere stato abbandonato da bambino, desolazione dimensionale, mancanza di ponte affettivo che niente e nessuno poteva gettare; inoltre, a ben pensarci, non ero nemmeno il suo tipo e lo sapevo, me lo diceva che ero troppo vecchio (a quarant'anni, sinistro, rapace e potente come il dio Vulcano) e troppo grasso (ottantasei chili di lava e lapilli per un metro e ottantuno di calore e senso dell'umorismo) e non faceva neppure niente né per essere accogliente né per essere respingente, rasentava l'autismo, una partecipe indifferenza è stato il più generoso sentimento che mi abbia elargito, ma questo non è bastato a farmi desistere dal sentirmene sedotto a lungo; era sessualmente sempre disponibile con me ma io no perché sentimentalmente mi tagliava fuori senza darmi alcuna speranza, non gli davo soddisfazione sessuale (non accettavo di banalizzare il mio amore per lui) e non gli dicevo niente, ma intanto che lui era al lavoro scopavo felicemente due volte ogni giorno con altri ogni volta che andavo a fargli visita in una lontana città tedesca; non mi amava, non mi desiderava che per il desiderio che io provavo per lui, quindi non volevo fare all'amore con lui come se lui fosse lo stuprato e io lo stupratore, potevo farne a meno senza alcuna frustrazione, ma la sua ideologia profonda, ovvero sindrome del rifiutato dalla madre da bambino e dell'abbandonato quindi a vita, era accolta dalla mia e compresa e consolata come nessun altro poteva fare con lui in quel momento e a me questo piaceva più di lui che pure mi piaceva, anche dispiacendomi, da impazzire – e sono stato a suo servizio *ideologico* per un decennio a venire soffrendo parecchio per cinque lunghi anni: è lui ora, invecchiato e ingrassato e giallo paglierino e tanto che sembra mio nonno Nibelungo (e ha dieci anni meno di me), lui che mi cerca e mi racconta delle sue storie di breve durata con questo e con quello, e certo non ha ancora capito il perché con i suoi tipi ideali (sessualmente) le sue relazioni non durano niente e con me, che sono all'opposto di ogni suo chiaro desiderio, questa nostra storia dura ancora, che è infine e forse l'unica storia d'amore che lui, ben più di me, abbia mai vissuto con qualcuno (visto anche che so che la racconta in giro per il mondo, visto che proprio sconosciuto non sono né a Los Angeles né a Honolulu né a Parigi, luoghi dove qualcuno s'è fatto avanti per dirmi che sapeva tutto della mia love story con Siegfried, e questo Siegfried parla di me al presente, dice che sono il suo amante dal 1992, ne va fiero e io devo smentire, devo ribadire che non è assolutamente vero, che l'ultima volta che l'ho visto, senza farci niente nemmeno quella volta lì, è stato un anno prima e che a letto è una frana morta, una stalagmite inanimata, un decrepito bambino rannicchiato attorno a se stesso che mi fa pena e, in quel senso, quasi mi fa senso, e non solo da ora che non mi interessa più, che non commuove più il mio sistema di valori, ovvero la mia struttura ideologica profonda).

Ma ora, qualche consiglio alle Single che, non ancora perfette, continuano a innamorarsi di un uomo dell'altro sesso, allorché il loro è l'unico forte per tutti.

Personalmente non approverei mai e poi mai il matrimonio di una mia adorata nipotina, cattolica praticante, con un arabo musulmano integralista, anche se non lo ostacolerei affatto, pena il renderlo inevitabile allorché, se lasciati liberi, si può ancora sperare che si mandino affanculo ben presto da soli; non è certo l'amore che potrebbero provare l'uno per l'altra due giovani, di religione così diversa, che può cementare o disgregare un matrimonio (in cui si presuppone che ci saranno dei figli da educare in un verso o nell'altro), ma l'ideologia di fondo allorché, come un nodo in agguato, prima o poi verrà al pettine. Lo vediamo nei tanti drammi di coppie radicalmente dissimili per fede e cultura allorché, nel momento di dovere scegliere e imporre la religione per i figli e non più un cuscus o trenette al pesto, sono disposte a calpestare ogni amore e preferiscono divorziare e di fatto rapire l'uno i figli all'altra o viceversa e portarli nel proprio paese d'origine, in una spirale di minacce e di violenza in crescendo in cui, infine, si teme – di solito per la madre cattolica riparata in patria con la prole, mai per il padre mussulmano – "la vendetta islamica", cioè l'assassinio; le unioni fra persone di razza, religione e cultura diversa vanno bene allorché entrambi o sono uomini o sono donne o, se uomo e donna, laici e agnostici di esperienza comprovata e hanno sin da subito in mano tutto il possibile accadere del futuro (con dei figli in arrivo da instradare su un'ideologia o l'altra, e la religione da praticare e osservare è una enorme ipoteca, la prospettiva è tutt'altro che rosea e spesso i due coniugi del momento non l'hanno ancora affrontata).

Che una ragazza o un ragazzo a me cari si mettano con qualcuno di razza bianca, gialla o nera, ricco o povero non importa affatto se è solo per fare l'amore, ma sconsiglierei entrambi se è per contrarre (da "contratto") un matrimonio con conseguente emigrazione dell'uno o dell'altra nel paese (e quindi nella cultura, religione, politica, economia) e quindi nell'ideologia del coniuge futuro – del coniuge più forte, in quello del marito, di solito –, del quale stando in loco, magari in un'università internazionale come a Urbino o a Perugia, non si ha alcuna idea precisa ben bilanciata, soppeso dell'inguinaglia a parte.

Chi volentieri scopa col saraceno spesso ignora che si sta convertendo controvoglia, e salterà fuori: se non sei consapevole che stai facendo all'amore con la sua ideologia e che acconsenti non tanto al suo cazzo ma al suo stile, astieniti anche dal resto o non andare oltre.

Vacche e tori purché mori: se sei una Single pezzata o addirittura una bianchissima chianina e abiti in Maremma, fatti pure montare alla grande da un bisonte afghano se passa da quelle parti, il color sabbia del deserto del suo membro è un terra di Siena uguale uguale a tutti gli altri, ma se ti dice di andare a fare un giro a Kabul intanto che sei pregna, pensaci bene prima di muggire un «Sì!».

E darsi una ridimensionatina?

Io non sono di quelli che hanno paura della propria ombra se vivono da soli in grandi spazi all'aperto e in interni di quattrocento metri quadri dove possono passare anche sei mesi prima che ci sia una visita. Sto bene sia nel piccolo che nel medio che nel grande, ma alla lunga preferisco abituarmi al grande e luminoso e lindo tutto per me piuttosto che dover coabitare in un interrato di trenta metri quadri dove si calpestano infanti e topi al minuto.

Per anni ho pensato con raccapriccio a quanto grande e bella e ben arredata (ho servizi da tavola anche per ventiquattro ospiti) sia la casa dove abito da solo, anche sette persone ci vivrebbero con ogni agio di stanze proprie e bagni a piacere in sauna e bagni di sole in giardino, e sempre mi dicevo "Appena muore mia madre trasloco là, novanta metri è più che sufficiente per me, soprattutto invecchiando", poi mi sono rassegnato a dove sto e adesso è con raccapriccio che mi sfiora il pensiero di doverci rinunciare.

Un perfetto Single non si deve confinare: meglio che faccia sentire confinati gli altri.

Meglio avere cinque servizi da tavola (e cinque tavoli, e una trentina di sedie) che non userai mai piuttosto che sempre quei cinque piatti in cui riesce a mangiarci chi per primo arriva in cucina – nel senso che si sveglia per primo dei sei e è già in cucina, con gli altri cinque che si grattano nel sonno.

Non bisogna sentirsi in colpa se una notte usiamo un letto, un'altra un altro, se anche per andare al cesso sembra di fare una scampagnata, se la domestica è in ferie e si ritroverà al rientro tutti in un colpo i centocinquanta piatti che non ha lavato giorno per giorno, se la nostra cantina, e meglio ancora se come me siete quasi astemi, riempirebbe di sgomento un reggimento di alpini, se potete scegliere di mangiare con le mani o con le posate di argento massiccio e se su un ripiano o un tavolo di marmo o uno di noce o uno di ciliegio, se usate un tovagliolo ricamato anche solo per il piacere di stenderlo sulle ginocchia e poi lo buttate in lavatrice (lo farete buttare dalla domestica, ora ancora in ferie, insieme agli altri trenta).

Non stiamo portando via niente a nessuno, e comunque il pensiero che lo stiamo portando via a una famiglia numerosa per niente dovrebbe bastare a ripagarci di ogni indesiderata, per quanto passeggera, resipiscenza.

Filosofia del prodotto *uomo*

Le pagine vacanziere dei quotidiani dedicano sempre più spazio – per non dire piombo, sorpassato – ai Single e ai loro problemi, sempre presupposti e immaginati dal tipico scribacchino padre di famiglia e dall'esperta in bon ton rotta a tutto, e a tutti, con famiglia allargata, allungata e bell'e distesa. Bisogna astenersi dal leggerli, così come bisogna boicottare una gamma sempre più vasta di pseudoprodotti di cui non comperiamo la necessità che ne abbiamo ma il marchio necessario per far fare soldi a chi ce lo imprime in testa.

Parlare dei problemi psicologici dei Single come se fossero speciali, o come se ognuno non avesse i suoi e pace all'animaccia sua, è un modo per relegarci in un angolo e tenerci buoni.

Noi non abbiamo problemi psicologici irrisolti, abbiamo diritti politici negati, cioè risolti sulla nostra pelle.

Così, come quando il cretino e la cretina di turno si dilungano dispensando consigli ai Single sul come stringere nuove amicizie e "relazionarsi" e "uscire dall'isolamento" eccetera: dopo l'asilo e i sette anni, è difficile per tutti farsi una nuova amicizia, e se esistesse un modo infallibile ognuno di noi l'avrebbe già trovato senza bisogno che glielo sottoponga uno specialista.

Bisogna sfatare questa leggenda di relazionarsi a tutti i costi e di trovare negli amici la nostra vera famiglia elettiva: nel sentimento vero di famiglia non è dato a nessuno potersela scegliere; scegliersi la propria famiglia è una contraddizione in termini: l'unica cosa bella di una famiglia è quella bruta che ti è imposta, che ti tieni anche se ti fa orrore, e adesso vogliono toglierci anche questo senso della nausea, reale, per la nostra famiglia biologica per darci una scelta famiglia scelta a scelta, irreale.

Non fare niente di speciale per avere un'amicizia in più e, soprattutto, non credere che aiuti il corso di aerobica o di tango figurato o di rafting. Fa' l'aerobica per l'aerobica, se ti va, e tutto il resto per il piacere e la curiosità che ti suscita, ma mai e poi mai quale mezzo per arrivare a un altro fine.

Col tempo avrai pure imparato, come con le diete e la ginnastica per tenerti e tenertela in forma, o mio caro Single (sì, dico a te: avrai pur notato che dopo una certa età anche il tuo *lui* assomiglia sempre di più a una clitoride che si prende la rivincita e, se non ti scoraggi subito nella ricerca, scoprirai che sotto si sta aprendo anche il relativo buchin), che alla lunga non serve a niente sottoporsi a dei sacrifici di appetito e di allenamento per piacere di più, poiché, come trovi qualcuno cui piaci per la tua forma smagliante, subito smetti con la dieta e gli esercizi, perdi la tua forma acquisita, riacquisti quella della tua razza e della tua stazza e lui ti lascia per rivolgersi a un'altra smagliante che non sei più tu; certo, è una grande spinta migliorare il proprio fisico per qualcuno o nella speranza che qualcuno ci butti gli occhi addosso e non ce li stacchi più, ma dura un attimo, quindi, dopo i quaranta, se fai attività fisica devi imparare a farla per il piacere che ti dà patire di giorno in giorno e, anzi, devi quasi imparare a diffidare, se non proprio a respingere, chi si fa avanti proprio grazie a quella tua linea graziosa, a quella lucentezza sana del bianco del tuo occhio, alla sveltezza del tuo passo felino.

Io ho notato questa costante nelle coppie: che la gente come si conosce pretende anche di continuare a essere. Se uno si mette assieme a una grassa che diventa poi magra inevitabilmente la lascerà come la magra che diventa grassa, a meno che lo stesso processo non riguardi entrambi. La stabilità della coppia, una volta assortita e fatta, non ammette più di tanto miglioramenti dell'uno e non dell'altro, men che meno da un punto di vista intellettuale e mai e poi mai da quello di avanzamento professionale, sociale, di carriera. Ho visto matrimoni saltare solo perché la moglie, sposata con la terza media, si è messa in testa di prendere il diploma di maturità: l'ha preso, sì, e anche il marito s'è preso un'altra, un'ignorante con la quinta elementare che faceva voto di restare ignorante nel tempo come piace a lui. Non con questo che la moglie che si era guadagnata il diploma fosse diventata meno ignorante di quest'altra, ma ne aveva perso l'aria, ecco, la calamita.

Ogni progresso di uno dei due partner è visto come un tradimento o allontanamento a scapito dell'altro: in due si accetta il peggiorare, il diventare ancora più grassa se già grassa sei, ma non il cambiamento o il ribaltamento.

Ecco perché non vale mai la pena di mettersi in mente di adattarsi ai modelli imposti dalla pubblicità ai fini di piacere a qualcuno: non saprai mai perché piaci o non piaci a qualcuno, non te lo dirà mai, non c'è possibilità alcuna di aderire ai suoi fantasmi se già non sei il suo fantasma senza saperlo e senza aver fatto niente per diventarlo.

Non c'è scampo, e ogni buona volontà che ci metti per adeguarti a lui sortisce lo stesso effetto che se tu l'impiegassi per non adeguarti a lui: tanto vale essere come si è e puntare sul maniaco che ci trova ideali e celestiali e cherubiniche nella nostra pochezza terra terra.

Non aspettare quindi il sostegno, il consenso, l'approvazione, lo stimolo di un altro per migliorare secondo l'idea che ti fai di te ora e da migliorata. Inoltre: mi dici che cazzo di miglioramento sei in grado di ottenere alla tua età? Non potevi pensarci prima o, almeno, non pensarci nemmeno prima? E cos'è mai questa lotta contro la cellulite a cinquant'anni iniziata a diciotto? Non hai ancora capito che se a un uomo non piace la cellulite non gli piacciono le donne?

È davvero raccapricciante come le donne, soprattutto single e single di ritorno, si martorino tanto, creme, cerette, pillole, tinte, lifting per piacere a un uomo minimo e finiscano al massimo per piacere a un gay. Che quasi sempre è il gay amico delle donne che ti imbonisce e ti vende il martirio spacciandolo per la panacea di tutti i tuoi mali.

Pari opportunità e patta

È venuto il momento che anche gli uomini e le donne coltivino relazioni omosessuali: fra di loro.

Io non so ancora dire bene in che cosa consista una relazione omosessuale fra un uomo e una donna e fra una donna e un uomo, ma so d'istinto che è l'unica che possa funzionare per il perfetto e la perfetta Single avveduti e per gli sposi più all'avanguardia.

Non si tratta certo di una relazione fra un uomo e una donna necessariamente entrambi, o almeno uno dei due, omosessuali né di una relazione di esclusiva sodomia in cui sia lui, facendosi aiutare da lei con vibratori, sia lei, con quel che di lui maschilmente rimane, usando più il retro del tinello. No.

Si tratta di una relazione in cui la specificità femminile e maschile non conta più assolutamente nulla né a letto né tanto meno fuori. A quarant'anni si comincia a sentire la precarietà, e il peso, del genere che la nascita ci ha dato e bisognerebbe liberarsi da questa soma del caso che abbiamo rivestito di tanta sciocca simbologia personalistica. Fare la donna sempre, anche quando avresti più voglia di fare una pennichella, è un lavoro che da una certa età in poi merita di andare in pensione; fare l'uomo sempre, anche quando avresti voglia di fare l'ameba, è un logorio che annienta presto ogni virilità: bisognerebbe ormai amare solo chi ci fa tirare in questo senso un sospiro di definitivo sollievo e invitarlo a fare altrettanto. Il nostro rispetto, e il suo, non verrà per questo meno, anzi, si triplicherà, e secondo me anche l'attività sessuale ne trarrà un impensabile beneficio.

E se no, chi se ne frega? Ma è sempre fregandosene del sesso e non tendendogli né agguati né scadenze che il sesso non se ne frega di te e ti salta addosso quando meno te l'aspetti.

A cinquant'anni si ha un bisogno struggente di sesso svincolato da ogni teatrino generico, e la femminilità e la mascolinità mal intese (e intese bene non ce n'è) ne impediscono l'accadere; non si devono fare più salti mortali per stanchezza, dovere, dimostrazione, abitudine al press'a poco: bisogna accontentarsi di essere solo imprevedibili.

L'incostanza

L'incostanza è il tiepido angelo del termosifone di tutti ma in particolare modo del Single: se i conviventi di una famiglia devono garantire una certa costanza nelle loro azioni per avere in cambio una costanza nelle azioni degli altri e beneficiarne a vicenda, il Single no. Abbandonato ai suoi estri e capricci e svogliatezze, un giorno butta all'aria la casa dalla polvere sulle finestre agli angoli più riposti dei pavimenti alla cera sui mobili, poi per una settimana convive con il lavello colmo di piatti sporchi; per un mese esce tutte le sere, per un semestre lascia dire di sé che ha traslocato in un altro luogo, che forse è passato a miglior vita (non nel senso, funebre, che è andato a vivere con la persona dei suoi sogni, ma che è morto); per un anno si lava e si profuma, poi sta anche una settimana senza radersi o un mese senza farsi giù la cispa dalla mandorla; rinnova trentasei gerani in una mattina di euforia e dallo stesso pomeriggio gli prende la depressione per un mese, non li annaffia una sola volta e seccano tutti.

Siccome non può né vuole cambiare vita né tanto né poco, cambia umore alla grande, è una girandola esposta a ogni venticello. Comprensibile che il più delle volte giri su se stessa in un moto che di perpetuo ha solo il peto che produce, niente di cui allarmarsi.

Va bene così, ecco.

Bisogna accettare di vivere nel lusso più sfrenato di non dover dare conto a nessuno, e la logica del caos su misura è il lusso imprescindibile dell'ordine del perfetto Single.

Cani grossi; soldi anche se pochi

Se mia madre per definire i veri rapporti tra Berlusconi plurindagato invano alla sbarra e D'Alema invano al governo aveva già usato pari pari quel proverbio poco conosciuto che fa "Cane non mangia cane", per Bush II e Bin Laden, dei quali ignora del tutto gli affari in famiglia, ne ha infiorato una variante a naso: «Sono come i ladri: di giorno litigano, di notte vanno a rubare insieme».

Ciò che appare opposto è spesso complementare. Il perfetto Single sia cauto nello sposare una causa contro l'*altra*: le nozze segrete fra due cause sono già avvenute alle sue spalle e chi ne sposa a occhi ciechi solo una non sa mai che il divorzio – la *rottura* – è solo a spese sue.

Commentando invece il crollo dei due immobili di New York e il conseguente crollo dei soldi in Borsa, è stata lapidaria: «Meglio averli che vanno giù che non averli che vanno su».

I soldi come l'amore, come la morte di una persona amata: non c'è paragone fra il lusso di poter piangere una perdita e quello di dover ridere di una mancanza.

Alla ricerca del navigator cortese

C'è forse qualche differenza di qualità esistenziale e relazionale fra il ricevere trenta lettere la settimana e nemmeno una? O trecento messaggini al giorno e non incontrare faccia a faccia una sola persona fra quante te li inviano? O trascorrere tre ore al giorno nella e-mail e tre giorni nel deserto? Cosa ci fa propendere per la comunicazione indiscriminata più che per la possibilità di starsene per conto proprio? Comunicare per comunicare non è aggravare l'angoscia che ci prende a stare soli in una stanza piena di specchi?

Il perfetto Single è selettivo: chi va a caccia di persone reali attraverso un mezzo caro ai fantasmi è già un mezzo fantasma. Lo sbaglio più grosso che uno può fare è volere, a un certo punto delle mutue proiezioni indebite sull'altro, dare corpo all'altro e darsi corpo incontrandosi fuori dallo schermo dello schermo.

Io ho conosciuto parecchia gente rovinata da Internet e non ancora una sola persona da una rete per farfalle.

Relazione emotiva *vs* relazione affettiva

A quarant'anni lo si deve sapere e ci si deve decidere se non si vuole trascorrere i prossimi dieci in preda a debilitanti raptus sessisti: se opti per l'affetto non avrai la passione, e viceversa. Affetto significa farsi carico del passato altrui, vedere nell'amante pieno la persona irrisolta, il bambino non amato, maltrattato; comprendere significa distacco istintivo e emotivo; non comprendi per farti amare ancora di più, comprendi qualcuno per incoraggiarlo a accettarsi e a amarsi così com'è; gli fai dono, e spesso sacrificio, dell'appetito che ti suscita, perché non ci si può più cibare carnalmente e psichicamente di qualcuno che aiuti a uscire fuori da una brutta storia: per farlo devi dire addio alla tua con lui o con lei; la comprensione di una creatura umana è il contrario del plagio per tenerla legata a te; è un ponte che inevitabilmente te la porta via, che la traghetta sull'altra sponda e ti lascia indietro in quanto amante, desiderio, gelosia, voglia, possesso; il contrario sarebbe come togliere a qualcuno la spina dal piede mettendogli prima il ceppo e buttando via la chiave. Insomma, a una certa età deve essere possibile astrarsi dai propri (porci) comodi e dare affetto disinteressato, ahimè, a una persona più giovane o di qualsiasi età di cui fossimo pure innamorati persi, magari della sua follia che la porta a fare un sesso estremo e sorprendente e che però cela un fantasma doloroso, un immondo carnefice interiore.

A un mio conoscente, un giornalista celibe di destra della mia età che si picca di essere liberale e democratico e ribelle e non è affatto niente di tutto questo al di là delle parole che usa per farsi vanto di meriti che non ha, a un emerito paraculo del sistema, ecco, capita di innamorarsi perdutamente di una ragazza di venticinque anni più giovane di lui, ragazza molto ambita nel mondo del jet-set cinematografico per via del padre, datore di luci defunto, che vi bazzicava; all'inizio, per averla, la illude sulla fondatezza delle sue ambizioni di scrittrice e la ragazza, sentendosi valorizzata per ciò che non ha e non più per la sua avvenenza, ci casca; il rapporto è subito burrascoso, perché la puledra, vagamente psicotica e insoddisfatta e come animata da uno spirito di profondo masochismo che sfocia nelle delizie del sadismo tanto care a gramsciani e dannunziani di formazione erotica aclista, scalpita, pascola in altre valli (preferisce, anche qui, più il fieno stagionato che l'erba fresca) e glielo fa sapere, spesso da pettegolezzi e foto di rotocalchi nazionali che la ritraggono in eclatanti compagnie in giro per il bel mondo (per lei e per lui, per fortuna, mica per me); lui piange e si dispera, la invoca, lei ritorna, lo fa ripiombare nella depressione più profonda e se ne va di nuovo, una erinni allo stesso tempo spietata e spompata, una mentalità da Velina sempre più a vele sgonfie, ecco. Una pacchia di passione per un cinquantenne con problemi di erezione, di alcol, di vena creativa in secca e quant'altro; sembra che la ragazza voglia vendicarsi del fatto che l'intellettuale di certa fama non abbia ancora fatto niente per procurarle un contratto editoriale, ma ovviamente i dati – gli sfoghi per telefono del mio conoscente contro le donne che fanno tanto macho sciupafemmine, e non è proprio il caso – mi arrivano parziali, falsati, reticenti, lo sento, e solo quelli che vuole lui. C'è dell'altro fra di loro, e non mi riferisco certo alle canne o alla cocaina.

A fine rapporto, una delle tante fini del rapporto che trova in ogni fine un nuovo inizio più tormentato del precedente, la rivelazione: la ragazza da bambina è stata molestata dal padre.

Ora, davanti a una confessione così, la mia passione si sarebbe bloccata di colpo e immediatamente si sarebbe trasformata in prestazione di soccorso; invece, quell'infantile e egoistico e buono a nulla di cinquantenne, che cosa aveva fatto? si era servito di questa implicita supplica di aiuto per spingere ancora più a fondo la ragazza nel suo incubo irrisolto, l'aveva abituata (ma forse non ce n'era bisogno) a dimenticarsi del passato proponendole incontri al buio con altri uomini, sempre anzianotti come la figura cui si ispirava la sessualità autopunitiva della ragazza, che avranno certamente eccitato più lui di lei. Impossibilitato a produrre affetto per lei o chicchessia, ingarbugliato nella rete del suo tornaconto di piacere più immediato che non prevede una smagliatura a nessuna età né maturità per sgusciare fuori e tendere una mano se non per arraffare ancora di più, ha rincarato la dose della sua propria visceralità di impotente – e all'amore e all'affetto e al sesso – per portare ancora più senso di cannibalismo, di morte per definitivo scatenamento di istinto di rapina nella ragazza. Respinta come persona, accolta come una bestiola ormai per sempre in trappola, e scuoiata, magari con grande godimento di entrambi. Ma il crimine resta, e mi dispiace che sia rimasto impunito, mi dispiace che la ragazza, follia per follia e giochino erotico per giochino erotico, non gli abbia sfondato il cranio col bronzo della testa del Duce sul comodino insieme alla *Storia d'Italia* di Cervi-Montanelli.

Invece di traghettarla oltre il proprio ponte, marcito, se l'è messa dietro, ancora più dietro, là, sempre là, sempre nello stesso punto e momento in cui lei bambina si avvicina con l'hula-hoop al papà e il papà salta dentro l'hula-hoop e...

Quando poi s'è stufato, l'ha piantata, forse nello stesso vaso col geranio di plastica in cui spegne le cicche.

Il suo commento alle mie critiche: «Ma che c'entro io coi suoi drammi, sai quante palle raccontano le donne? Se facevo quello che dici tu, la crocerossina buonista e la spalla su cui piangere, non mi avrebbe più tirato del tutto! In guerra e in amore...».

No, se è per dare il colpo di grazia, allora meglio la guerra.

Pantofole chiodate

Il vantaggio di vivere da soli è che non devi più sforzarti di provare e quindi dimostrare affetto per chi non lo senti, e tuttavia è pur vero che proprio nello sforzo di provare qualcosa si finisce per cambiare l'idea che ci costava fatica e sentire sentimento di affetto autentico per chi ci suscitava, se non ribrezzo, diffidenza o indifferenza.

Finiamo tutti per amare chi ci conviene?

Soli su se stessi, tutto è rastremato, concentrato, ridotto all'osso: sentiamo e agiamo per essenze, non per nuvole di spray che attutiscono i sensi nostri e altrui; è difficile ingannarci, purtroppo per noi, perché vive di più chi dando a vedere di essere uno sciocco schiavizza parecchia gente che vuole prendersi gioco di lui e approfittarne. Il furbo cade sempre nella rete di uno più furbo di lui e spesso il più furbo è proprio il più scemo, una specie di vasetto di miele aperto che attira sia gli orsi che le api che li attaccano e accecano.

No, il perfetto Single non fa più finta di essere più furbo di quello che è facendo finta di essere ancora più scemo di chi cade nel suo tranello. È finita l'epoca dei giochetti a mosca cieca, il perfetto Single vuole vivere l'amore in tutto il suo abbagliante conflitto e in ogni drammaticità, il perfetto Single vuole fare sul serio perché o lo fa ora o non gli resta più il tempo. Nemmeno a trenta, nemmeno a quaranta, puoi più sperare di *recuperare* o *rifarti*: se non hai vissuto amori con leggerezza e spensieratezza prima, non è il caso di trasferire ciò che credi gioventù in età fuori tempo concesso. Se credi di avere sprecato o non vissuto la tua gioventù, cinquanta non è una bella partenza per prendere il via: adesso o si fa sul serio a non arrivare primi da ultimi in nulla o si fa senza.

Intendo dire che l'unica costruzione permessa o progetto futuro a quest'età è l'amore per l'amore minuto per minuto, mica devi mettere su famiglia, guardatene bene! Meglio fare un figlio per sbaglio a sedici anni che uno con intenzione a cinquanta.

Inoltre, dopo i quaranta, il perfetto Single e la perfetta Single non si sposano più, divorziano semmai del tutto e innanzitutto dall'uomo e dalla donna dei loro sogni.

Anche le pantofole del perfetto Single sono chiodate.

Economia con la domestica

È solo un luogo comune quello che vuole che le donne, da sole, se la passino meglio degli uomini da soli: io sono sicuro, per esempio, che se mi fossi sposato alla vecchia maniera, con una donna, sarei andato controcorrente anche nel favorire la statistica delle vedove sui vedovi, avrei fatto di tutto per non dare questa soddisfazione a mia moglie, l'avrei probabilmente resa felice un po' anche prima di morire, io.

Vedovo, divorziato, celibe da sempre o no, e benestante o no, il perfetto Single, prima di affidare le faccende di casa a chicchessia, impara a sbrigarsele tutte da cima a fondo da solo.

«Allora ci vediamo al ristorante.»

«No, non posso stasera.»

«Ah, cenetta intima, eh?»

«No, meglio: devo fare il carico della lavatrice. E grazie dell'idea: lo farò a lume di candela. Tête-à-tête fra le mie mutande e il loro indossatore.»

Altra variante:

«Allora questo fine settimana andiamo a sciare con Rosmunda e Maria Pia.»

«Questo sabato non posso, devo fare tutti i vetri delle finestre e svuotare il ripostiglio della carta, passare i pavimenti e fare il ricambio dell'armadio e...»

«Ma a me queste cose me le fa la Rosmunda, chiedi alla Maria Pia, no?»

«Non fa che sbuffare, e detesto vederla pestare in casa con gli sci ai piedi. Mi ha già sfiancato abbastanza con le pinne.»

Togliamoci dalla testa la praticità delle donne nella gestione di un'abitazione, allorché gli uomini sarebbero tutti degli imbranati sfasciatutto con le mani di merda: sono imbranati solo coloro che sono stati abituati alla praticità inibitoria di una donna. In pratica, gente nata l'ultima volta verso il '15-18 e poi basta.

Uomini, e soprattutto donne, d'altre epoche. Io, per esempio, non ricordo il tempo che ho rotto un piatto o un bicchiere o che ho urtato col gomito o con lo spazzettone in un soprammobile facendolo cadere a terra o che ho infeltrito un maglione sbagliando detersivo e temperatura di lavaggio o che ho sbagliato il sale in una salsa o che ho scolato la pasta non al dente o che, passando con il dito dove avevo appena finito di spolverare, ho mugugnato contro di me e l'esosità dei miei propri contributi sindacali a ufo.

Bisogna attenersi al dogma delle suocere, "Le sposine del giorno d'oggi non sanno fare niente, sesso, solo sesso". Soprattutto, se io fossi al loro posto, devono attenersene le sposine.

Per contro, anche nella biogenetica, non a caso si dice che oggi la donna fa tutto, anche l'uomo.

La si capisce: stanca com'era di aspettare chi mai non viene...

Due variazioni sul tema che, ahimè, ritorna

1.
La solitudine – e persino la solitarietà – è un'opinione.

«Le presento la signora Pizzicottillo» mi fa la padrona dell'albergo di gran lusso avvicinandosi con una bella donna mora dagli occhi verdi e la fede al dito, «lei che si lamenta sempre che non ci sono mai persone con cui conversare ma sempre gruppi che fanno cagnara.»

«È qui con la famiglia?» chiedo.

«No, sono qui da sola con i miei due bambini, e la tata.»

Ho fatto finta di essere sovrappensiero ma l'enunciato mi è sembrato di una gravità inaudita, e questo è niente:

«Quando penso che qui, in questa situazione, ci devo restare due settimane per via dello Jonio che fa tanto bene ai bambini» da notare che siamo in pieno Tirreno. «Spiaggia, passeggiatina, passeggiatina, spiaggia... non è allegro stare da soli mentre tutti si divertono...»

Forse lo dice compiacendosi di potersi tanto annoiare... Siccome sto ancora pensando a quanto mi ha detto subito, a quella frase «sono qui da sola con i miei due bambini», improvvisamente ho l'illuminazione giusta, capisco e, sicuro di andare a colpo sicuro e anche certo che eticamente tocca a me affrontare il penoso argomento, azzardo:

«Vedova?»

«Oh, no, aspetto mio marito! Farà una capatina veloce veloce dopodomani...» la voce non tradisce incrinature di sorta né verso l'alto né verso il basso, e non so se le brillano gli occhi dalla contentezza, ha gli occhi così brillanti di natura, forse per tale abitudine a una posa di piena pienezza che neppure se ne rende conto.

La frase iniziale non era niente per gravità rispetto a quest'ultima ammissione di solitudine: non riesco proprio a farmi alcuna idea di qualcuno che è... che si sente? solo con due figli piccoli al seguito, ma aspettare qualcuno che si ama e sentirsi soli è il colmo (per non dire dell'ipotesi che la signora si considerasse da sola a tal punto da non disdegnare un po' di corte, ma era in piena buonafede, non aveva intenzioni recondite con me, e con me, poi! il dialogo è avvenuto tutto davanti alla padrona dell'albergo).

Aspettare qualcuno sapendo che verrà, il massimo della trepidazione e della felicità, e sentirsi soli! Che ingordigia!

E allora uno che aspetta chi mai non c'è e chi mai verrà, uno che non aspetta nemmeno più come dovrebbe sentirsi, la pedina che nel pallottoliere fa novanta, il fagiolo in attesa di passare di mano in una sala di Bingo, il Pietro buttafuori che fa «Uffa!» sulle porte del Paradiso?

La più bella dichiarazione d'amore, se mai qualcuno osasse fartela in faccia dopo troppo tempo che non ti schiodi dal suo fianco, la più netta e scoperta e cupida ammissione sulla necessità della sua compagnia non sarebbe "Vattene che mi manca la tua assenza"?

2.
Quant'è vero che la compagnia è soprattutto condivisione di un silenzio!

C'era questa anziana sposa meridionale che è venuta a abitare nel condominio dirimpetto alla casa di mia madre, che per anzianità potrebbe essere la sua, e questa donna non usciva mai, compere a parte, a mento un po' reclinato, mia madre le diceva «Buongiorno» per prima e lei rispondeva «Buongiorno» con titubanza, come se avesse avuto timore di svegliare i tafani su una mandria di vacche del Salento, per il resto del tempo stava su al quarto e ultimo piano del condominio, verso le quattro si affacciava di tanto in tanto alla finestra, guardava lontano un po', poi rientrava fino all'indomani alla stessa ora, e un paio di anni dopo un pomeriggio mia madre, fuori sulla seggiolina che lavorava all'uncinetto come ogni sacrosanto pomeriggio della sua vita estiva dalle tre e mezzo alle sette e poi anche dalle sette e mezzo fino alle nove finché c'è ancora chiaro, alza la testa e le dice, «Venga giù, cosa fa lì sempre, venga giù a lavorare a uncinetto» e la signora meridionale fa, «Non sono capace», e mia madre, «Ma le insegno io!».

Detto fatto, e così finalmente, neppure dopo tre mesi che la donna affacciata al davanzale scendeva giù in strada e stava con lei a imparare come si fa, mia madre ha saputo che si chiama Stella e che sono venuti a stare qui perché loro figlio è maresciallo al campo di aviazione di Ghedi, e da allora le due donne lavorano all'uncinetto sedute di fianco all'ombretta della vite americana, e la signora meridionale, che all'inizio si schermiva e diceva che era tempo sprecato insegnare qualcosa a lei che non era capace di fare niente perché era un'orfana allevata dalle suore, in una settimana ha imparato tutto, cappe e cappettine, a scalare e a aumentare, ricama tende, centritavola, tovaglie che sembra una tappezziera nata; mia madre di lei dice che «impara svelta come un fringuello, e sta zitta come un'aringa sotto sale, poverina, ti dà soddisfazione, insomma», e che, appunto, intanto che lavora non parla mai, che in tre ore dirà tre parole in croce, che è la cosa che le piace di più di questa sua amica, perché a lavorare bisogna contare i punti e non sbagliarne uno se no devi tirare giù tutto e ricominciare daccapo. È una compagnia che non la distrae, ecco.

Le due donne stanno fianco a fianco ormai da non so quanti anni senza aprire bocca, a parlare provvede, parcamente, mia madre, che dà il via all'altra, che se no non si permetterebbe mai, e se parlano vuol dire che sotto le dita hanno entrambe da fare solo una semplice catenella, «che è una cosa che puoi fare anche a occhi chiusi e cantando un requiemeternamamen»; si sente che la discepola nutre un'adorazione per questa uncinettara incallita che le ha cambiato la vita e il taglio delle pupille, Stella adesso guarda perfino in faccia, non più solo lontano, e la maestra la ricambia, e le cose che si scambiano chiacchierando staranno tutte in un pugno di riso o in un rosario, una eterna litania sempre sugli stessi parti, matrimoni, funerali degli stessi parenti.

È questione di radici comuni, è questo il diabolico dettaglio, l'ideologia profonda che le unisce, non sono certo tipe da pettegolezzi, famigliari a parte non vedono nessuno, non viaggiano, non guardano mai la televisione e men che meno la tengono accesa per fare macchia di luce e di rumore, non seguono la politica, non vanno al cinema, non leggono i giornali, non sono curiose, contano i punti a mente e basta e si mostrano l'un l'altra a che punto sono delle loro sfiziose tele di Penelope, eppure è come se fossero allacciate da un cordone ombelicale di cotone rinforzato dall'anima in acciaio.

In comune hanno un'esistenza in disparte, la maliziosa consapevolezza della loro superiorità fisica e psichica sui loro mariti... solo quello di mia madre defunto per ora... e la fatalità di non aver mai pensato neppure per un istante che la loro vita, la vita di una donna di quei tempi e di quelle regioni e di quel senso della famiglia e di quel timor di Dio, avrebbe anche potuto essere diversa, meno chiusa, meno solitaria, anche se nessuna delle due oserebbe mai ammettere una simile, scostumata enormità. Persone così non sanno nemmeno di essere state concepite solitarie sin dalla nascita, il senso ultimo del pudore e della dignità ha sempre tagliato alla radice la nozione stessa di solitudine: non sono né sole né da sole perché un pensiero simile non è albeggiato mai. Chi ce l'ha, chi l'ha formulato, chi se lo può permettere, poi lo fa anche sentire agli altri: si vendica. Mia madre e questa Stella no, sono serene, buone, in pace col mondo, aspettano cadaveri passare in riva a un orlo a giorno, i cadaveri che devono passare sono tutta la loro compagnia.

Siccome la figlia maggiore di Stella abita a Firenze e era agli ultimi sgoccioli di gravidanza, mia madre mi ha detto che era partita per farle assistenza al parto e che sarebbe stata via una decina di giorni «al massimo».

Durante quel periodo mia madre, come ogni giorno, riceve la visita di minimo dieci famigliari che vanno a vedere se ha bisogno di qualcosa, per darle la soddisfazione di rispondere che lei non ha bisogno di niente; a tutti non parla che di questa Stella, che sta per diventare nonna, delle scarpine e dei completini che ha fatto al neonato in arrivo, dello scialle a sua figlia, e a chi è sposata la figlia, cosa fa, come ha incontrato suo marito e che hanno deciso di sposarsi dopo due settimane perché «l'età buona era agli sgoccioli per tutti e due, neh», e che Stella – e questa è la vera notizia – dovrebbe arrivare a giorni, magari domani stesso; le manca, e noi con lo zelo delle nostre lingue le serviamo solo per farla sentire ancora più in bisogno della sua taciturna compagna di uncinetto.

Poi, com'è come non è, mia madre ci informa che la figlia di Stella ha avuto delle complicazioni per via del cesareo e che Stella deve prolungare la sua assenza... la sua permanenza a Firenze; le dico tanto per dire, «È venuto nessuno a trovarti, oggi?», tanto so già che sono venuti mia sorella, il nipote, il nipotino, due nipotine, una nipote col marito, mia nipote Eleonora col figlioletto Fabio di sette mesi, un pronipote, un fratello, la cognata stamattina presto perché va al civile a fare la Röntgen e da ultimo eccomi qua io, e lei aspetta di completare una cappa – è come se la sentissi contare fino a otto: uno due tre quattro cinque sei sette otto –, prepara il punto per quella dopo e fa, «Ah, ma io sto bene da sola, sempre gente per casa stanca che poi devo tirare giù tutto... la signora lì del quarto piano, la Stella, ha detto che va tutto bene con la figlia e la nipotina... mica l'avranno chiamata Cesarina... ma che lei non ce la fa più a stare via da casa, ormai sono cinquantadue giorni...», e non so se questa informazione l'ha avuta dalla Stella per telefono, ma non credo proprio, non sono nemmeno tipe da telefonarsi, o se dal marito che vagola per le strade come perso senza più sua moglie o dal figlio maresciallo, «che parlava a una ceralacca, una morosa di quelle lì dove è nato il Papa».

Noi le siamo cari perché ci ha fatti lei, ma siamo remoti da lei e, infine, noi che abbiamo tanto parlato e che l'abbiamo fatta tanto parlare, non sappiamo niente di lei, non possiamo farle veramente la compagnia che vuole, siamo germogli, mica radici, e comunque infinitamente meno compagnia di questa Stella alla quale la unisce il potere reciproco, e esclusivo, delle grandi e memorabili amicizie al presente costruite sul passato, di significare tutto un teatro del tempo facendo scena muta.

Nozioni sessuali di base
per un maschio nuovo
e una femmina meno antica

"Purtroppo" mi scrive la mia amica Brisighella di Rovigo, persona di cui non è necessario specificare il sesso anche perché lui non ci terrebbe "tutti questi maschietti, maschioni e maschiacci che mi ritrovo sono uomini solo nell'apparato genitale." Allude alla mancanza di coraggio, di determinazione, di dignità, di civiltà degli uomini in amore? allude alla virilità che ci vuole per un uomo a affrontare e accettare e promuovere e dichiarare il proprio sfumato sentimento – e desiderio di sentimento – senza guardare in faccia né sé né a chi è rivolto? Siamo ancora alle solite menate, cioè a pipì e pupù o ciccia?

Già: il guaio è che le donne sono donne e gli uomini non sono né donne né uomini. Alla lunga, persino un maschio omosessuale di media perspicacia vede tutto il controsenso e l'impossibilità di andare a uomini pur mettendoci, come me, tutta la sua buona volontà più un pezzettino: uomini chi?

Gli uomini non sono né uomini e né donne, sono al massimo dei bambini definiti, e io stesso, a volte, stando con un cinquantenne, ho così l'impressione di stare facendo delle infamie con uno di cinque che me ne discosto inorridito.

Già già: mentre la sessualità non procreativa della donna nelle sue relazioni amorose è astratta dall'affermazione del proprio organo genitale, l'uomo, che è dotato solo di sessualità non procreativa anche se al procreare contribuisce vuoi per svista deliberata vuoi per svista imposta, è concentrato esclusivamente su quello, leva di ogni comando, ponte di ogni transazione; da qui il fatto che non ci sono due sessualità femminili che si assomiglino, mentre non ci sono due sessualità maschili che non siano identiche; la sessualità femminile è più ricca, più varia, più dirompente perché più obliqua e *dispersiva*, arriva al sodo – e al centro del suo organo sessuale e piacere – attraverso tutte le vie traverse che rendono eccitante qualsiasi gita insieme, mentre la sessualità maschile, andando dritto allo scopo allorché il piacere di una gita sarebbe non averne alcuno, arriva al traguardo senza sosta e senza prendere fiato.

Viene, al dunque, senza essere di fatto partita.

In verità, sembra proprio lui a fare all'amore come se volesse o temesse di restare incinto, come se dovesse timbrare il cartellino di un dovere da svolgere il più in fretta possibile tipo fuori il dente fuori il dolore, mentre lei, che se ne frega e si prende ogni diritto finalmente gambe all'aria, si permette tutte le variazioni e gli scapricciamenti passeriformi di uno stornello che potrebbe svolazzare all'infinito.

E è ben strana questa testardaggine nell'accoppiarsi fra una donna, che dà tutto ciò che è in lei dando per scontato di accompagnarlo con il proprio organo sessuale, e un uomo, che non dà assolutamente nulla di ciò che è in lui e che, anzi, lo slega prima da ogni dipendenza col proprio organo sessuale, organo che al momento con la donna – o con un altro uomo, fa lo stesso – è il solo membro presente, e psichico quanto istituzionale, di tutta una società di fermenti interiori e sociali da lui repressi e taciuti. Da qui la sua aggressività compressa sempre in agguato, la sua sete di vendetta – non ultima contro le donne stesse – e la sua inclinazione più all'odio che all'amore, più alla politica che alla logica o almeno alla coerenza.

Non sembri paradossale che una situazione storica di tale fatta porta come conclusione che l'unica cosa che interessa a un uomo di una donna non è, cito, "la figa" come si proclama nei branchi di uomini, ma il suo mondo particolare e il suo darglielo senza riceverne in cambio uno a pari merito e di merito pari, mentre l'unica cosa che di un uomo interessa a una donna è proprio esclusivamente quel cazzo che le donne, riunite pubblicamente per la messa o per messa in piega, considerano di secondaria importanza e volentieri diffamano e ridicolizzano.

Proprio per la legge del contrappasso, e della sedimentazione millenaria dei ruoli allorché dall'ufficialità della piazza si ribaltano nell'intimità del letto, l'uomo fa all'amore con la testa e la donna con la figa. Se, già che c'è, non ci fosse lei a far fare l'amore anche al suo cazzo, a lui una possibilità del *genere* non passerebbe nemmeno per l'anticamera del cervello (superarredata, asfissiante, mai un ricambio d'aria, un cumulo di anticaglie che soffocano ogni sfiato della camera a venire).

L'impossibilità dell'uomo di accedere al proprio mondo interiore (fantasmi arrugginiti in catena) e di renderlo partecipe a un altro essere umano – e men che meno allorché avvista un approccio o relazione di tipo erotico – è resa ancora più evidente nei suoi incontri sessuali, per così dire, con altri uomini: brancolano nel buio mentale – prima ancora che nel buio ambientale di un cinema porno o di un sex club – di un grande bisogno di confidarsi e comunicare e trovare un po' di sollievo nella solidarietà con un altro uomo come loro, ma il tabù secondo il quale ogni sentimento sarebbe da femmine e non da maschi è più forte di tutto e di tutti, e di tutti uno per uno senza fallo; tutti questi apparati genitali maschili che si rincorrono per corridoi e poltrone e labirinti e cessi darebbero un coglione per poter aprire la mente a un altro uomo e invece devono osservare la legge prima e ultima della loro genetica genitale e lì confinarsi o sparire.

In ogni senso.

Che pena speciale mi fanno gli uomini con la loro attrazione cosiddetta sessuale tra di loro! Pensano che basti pagare un biglietto d'entrata per trovarsi fatta dal gestore del locale, chiuso a ogni vista indiscreta, quella rivoluzione sociale e politica, e quindi sentimentale, per la quale non hanno mai mostrato di avere i coglioni e di saperli tirare fuori all'aperto. Lasciati soli a se stessi, senza nemmeno una donna che si faccia ora carico col proprio mondo profferto a piene mani di mimare un succedaneo di quel loro mondo dialettico negato in blocco, non hanno altra risorsa che i loro genitali palpugnati sotto facce depresse, tristi, malinconiche, spaventate, angosciate nella finta deboscia dei vinti, delle vittime designate designatesi da sé.

La tenerezza che suscitano sia gli omosessuali della domenica che quelli di tutti gli altri giorni feriali è pari alla voglia di spargargli alle gambe, che almeno la smetterebbero di girare tanto in tondo come nel giro dell'oca. Potrebbero fare la rivoluzione con uno schiocco di dita – e poi scoparsi alla grande ridendo e chiacchierando e delibando – e si limitano a una manipolazione, di disamore e disappetenza anche quella.

E che dire degli eterosessuali a parole anche nei fatti, dei bisessuali sposati che talvolta hanno un rapporto sessuale anche con la moglie, del trentasette per cento dei minori che dai quattordici anni ai diciotto hanno la loro prima esperienza con una donna con un trans a pagamento per poi avere tutte le altre con un trans anche con una donna gratis?

Ah, l'odore di vecchio castrato che emana già dal neonato italiano in fasce!

Se è vero che la figa è sempre al centro e aconfessionale, per non dire qualunquista, non è importante che il cazzo sia a destra o a sinistra se è cattolico: il cattolicesimo, quando non è la quintessenza del machismo più sordo e muto e mortuario, è un marxismo di destra che non lascia scelta, mugugno a parte.

Gente, bisogna farsi autoviolenza e emanciparsi da un genere del genere!

Vigilie

«Nevica lì da te?» mi dice al telefono tale Gloria come se lei abitasse ai Tropici e solo io nella Bassa bresciana, anni che non la sentivo e niente sarebbe cambiato se non l'avessi sentita mai più. «Volevo farti gli auguri. Ti ha telefonato nessuno?»

«Ricambio... Non so, nevica? Ho chiuso le ante alle due» saranno state le otto di sera quando sollevo la cornetta e apro poi metà finestra.

Sì, nevica.

Chi mai doveva chiamarmi? Nel senso che se non era lei a farmi gli auguri non ci sarebbe stato nessuno? Ma se ho persino tenuto staccato il telefono tutto il pomeriggio! Le facevo compassione? Come si permette? Auguri di che? AUGURI DI BUONE FESTE a me, niente di meno!

Come sono fortunato, invece di essere ibernato in un ghiacciaio da duemila anni sono vivo e oltretutto qui al caldo; mi sono cucinato un chilo di spinaci aglio, olio e peperoncino, un'unghia di dado, poi mi sono condito un'insalata di lattuga, radicchio rosso e cipolle, ho fatto saltare nel padellino sul gas due fette di salame fresco, che poi ho cosparso di aceto di vino, detesto l'aceto aromatico, ho sgranocchiato l'ultima metà di un torrone, ho mangiato quattro mandarini, bevuto una birra al doppio malto molto alcolica, fredda e buonissima, ho finito *Petrolio* di Pasolini, anzi, l'ho piantato lì poco prima della fine, è così concettoso, farcito di digressioni sciocche, già obsolete anche nel 1974, e l'appunto 55, quello sui venti cazzi di ragazzini borgatari che il borghese Carlo si fa nel prato, mi ha stufato, ho tirato fino all'appunto 75, poi sono crollato dall'uggia. La Letteratura è un prodotto del Nord, al Sud si fanno solo varianti di novene e di curricula per afferrare una poltrona e non mollarla più. Roma è fatale anche nella letteratura latina, nasce come esca per avere un posto al Senato e mantenerlo nei secoli in sagrestia: se non fosse per Petronio e Catullo, che sembrano concepire psichicamente la loro opera a Oslo e riescono a calarla poi in un ambiente mediterraneo, tutto il resto concepito a Roma per Roma e dintorni, anche in Africa, poteva tranquillamente andare bruciato nell'incendio della biblioteca di Alessandria. Lo sbaglio mortale di Pasolini è, per l'appunto, di trovarsi già in Friuli e invece di salire e andare a pulire i panni fradici di deiezioni cattoliche nello Spree o almeno nella Senna o nel Tamigi va a sporcarli del tutto scendendo nel Tevere. Tutto ciò che è romano e clamoroso al momento è così italiano e irrilevante solo un paio d'ore dopo!

Sono stato previdente, mi sono fatto venire a arte un raffreddore coi fiocchi, visto che secondo il telegiornale un italiano su tre è a letto con l'influenza, e un mal di gola passabile, così avevo la scusa buona per restarmene solo in casa e saltare la cena della vigilia di Natale da mia sorella, con tutti i suoi parenti acquisiti e le barzellettine pipì e popò di foggia più che mai democristiana. Vigilia di che? che succede mai l'indomani che bisogna attenderlo? Superstizioni su larga scala parentale. Mi sono spiegato con mia madre, che ci teneva tanto, la quale al telefono mi ha detto, «Mi pareva di saperlo che anche quest'anno inventavi qualcosa per non venire da Ferdinanda, ci vado da sola», a lei non la do a bere nemmeno tossendo bene per raschiarmi dal catarro fin l'anima, «Da sola! Siete in ventisette senza i fagiani e i capponi», «Però mi dai un dispiacere lo stesso», dice, e io, «Bene, allora già che ci sei goditelo fino in fondo».

Sì, non mi manca niente, non desidero niente che non abbia, anguilla marinata compresa – adesso sono le undici, stavo già a letto su di sopra, il buio era arricchito dai bagliori di bassissimi fuochi artificiali che ogni tanto tuonando attraversavano lo specchio dirimpetto alla porta-finestra che dà sul balcone, ho acceso la luce del tutto e mi sono masturbato senza alcuna eccitazione, giusto perché mi dolevano i testicoli tanto erano pieni, provo orrore anche solo all'idea di richiamare alla mente immagini sessuali di tipo umano, è che purtroppo restano le sole che funzionano, come siamo limitati, che Eros da tinello, perché uno non può sborrare concentrandosi sulla Via Lattea, per esempio, perché una non può farsi un ditalino ripassandosi a mente il catalogo autunno-inverno della Postalmarket, per esempio, devo andare dal dottore per vedere se c'è una qualche medicina che possa stoppare la produzione inutile di sperma, squilla il telefono, hai voglia te, non sollevo, ma chi ti credi di essere da potermi telefonare a quest'ora?

Oggi ho fatto un'ora e mezzo di ginnastica, è il quarto giorno di fila, ieri sono riuscito a farne due ore e mezzo, ma oggi ero tutto indolenzito per via dell'acido lattico, credo si dica così, e ho dovuto ridurre; peso ottantotto chili, sei di troppo, la faccia è inespressiva tanto è grassoccia, ogni tanto mi capita di incontrarmi in uno specchio e porgo i miei omaggi al grosso cotechino istupidito che mi porge i suoi, gli manca solo una parure di lenticchie e poi sarebbe la morte sua, apro la porta sul balcone della camera da letto, guardo un po' la neve cadere, non la vedo subito, è così sottile e fitta che devo mettere lo sguardo a fuoco adattandolo alla luce spiovente del lampione, sento una voce infantile che protesta, «Ma fammi fare un tiro anche a me, porcamadonna»; sino a poco fa c'era un gruppo di ragazzini e bambini che tiravano dei botti, a me non danno alcun disturbo, sono andato ai vetri della finestra, a mani nude accendevano la miccia con gli zolfanelli, se ne sono tirati dietro un po', temevo si facessero male, volevo telefonare ai carabinieri, ma poi ho pensato che ero esagerato, sono sceso e ho preso la ramazza dal giardino e l'ho messa contro la balaustra dell'ingresso, mi sono tenuto pronto a spazzare la neve dallo scivolo del garage, caso mai dovessi accompagnare un ferito al pronto soccorso, ho in dispensa tanti di quei dolci, panettoni, torroni, torte al miele, pandoro, mi sarebbe piaciuto dir loro di entrare e fare piazza pulita di tutto, intanto li avrei potuti mettere in guardia dai botti, dal rumore dovevano essere piuttosto consistenti, forse pericolosi, ma non ho osato, sono cose che uno come me non può permettersi, sarebbe subito frainteso. Io mi accontenterei di dare affetto, ma mica è semplice nemmeno questo, uno slancio senza calcolo oggi non lo si perdona così come si fa con un crimine anche efferato, me la farebbero pagare almeno in dieci famiglie perché intanto i ragazzini, rientrati a casa, direbbero subito, «Aldo Busi ci ha tirato dentro in casa» – un brivido blu scuote mamma e papà dagli alluci a Emilio Fede – «ci ha fatto la cioccolata calda e dato da mangiare ogni ben di dio e poi ci ha chiesto: dove sono finiti i vostri genitori di bello? nei privé per scambio coppie e stelle comete su per il buco del culo?». Poi se ne sono andati a sparare i botti altrove, dapprima proprio sotto i muri dell'ospizio, dalla mia finestra ho visto tutto un sali e scendi di tapparelle e di camicie da notte e di mutandoni dell'Ottocento, poi il silenzio è di nuovo calato nel quartiere pregno di fumi e di odore di pirite, nell'andare in bagno ho rovesciato il vaso dell'orchidea, che è caduto sul pavimento, due fiori si sono staccati e un ramo s'è piegato e ho dovuto reciderlo del tutto. Altro squillo. È quell'orchidea dai piccoli fiori gialli picchiettati di marrone che sembrano tutte farfalline. Tanto per sottolineare che non mi manca niente di niente. Ho molti mandarini...

Nessuna curiosità di sapere chi telefona a quest'ora, sarà mezzanotte, lo sanno tutti che dopo le venti e trenta non sollevo la cornetta, quindi è o un cretino che si prende una libertà o uno con una minaccia o una lusinga imparata a memoria.

... posso mica passare tutta la notte mangiando mandarini. Infatti alle cinque smetto perché li ho finiti. L'alba sta ancora russando remota.

Ci sarà gente che si ama a quest'ora, chi anche nel sonno sa che ama qualcuno che lo ama o dice di amarlo, e per i più è la stessa cosa; ci saranno sentimenti di abbandono di sé a un altro, la consolazione di non svegliarsi di nuovo da soli in modo così assoluto come me, ossessionato da questa fisima amara, e non perché sono da solo ma perché talvolta mi capita di sospettare che avrei potuto anche non esserlo se... e nel giro di tre ore, dato il calduccio, si sono aperti otto fiori di calicanto, che profumo, altroché... l'uomo entra nel negozio di abbigliamento in cui sto comprando dei pantaloni e delle camicie, sono solo con i tre commessi e la commessa, c'è baraonda come se con me fosse entrato un intero Carnevale, mi escono battute su battute, e come gesticolo, prendo in giro il mio culone taglia cinquantasei che si spreme dentro le cinquantaquattro e tutti ridono sfrenatamente, l'uomo è molto alto e ben portante, occhiali da vista con montatura di certo in oro, ha un tratto di lieve superbia, è brizzolato ma capelli folti dal buon taglio cittadino, un benestante non infelice, non mi saluta, mi ignora, un po' con insistenza secondo il mio fiuto, ci vorrebbe così poco per girarsi e dire buonasera, togliermi dall'invisibilità, tanto so bene che lui sa che quello che appare io sono io, non riesco a stabilire se è più giovane di me, potrebbe essere della mia classe, li porterebbe più che bene se così fosse, mi nasce una curiosità insana di sapere quanti anni ha, appena fa una smorfia di sorriso inavvertitamente anche nella mia direzione glielo chiedo, quarantacinque, mi risponde con sufficienza ma con uno sforzo di civiltà che in parte ne riscatta la spocchia, io mi sono già pentito, l'ho fatto anche per tirarlo dentro, per non farlo sentire un estraneo, visto che tutto l'ambiente è con me e solo con me e attento solo alla mia prossima arguzia da mattoide, sai com'è quando sei di luna buona e vuoi darne uno struscio a tutti, lui non rilancia però con alcuna domanda di cortesia, è proprio un gran bell'uomo, farà sci come minimo, una voce corposa e un atteggiamento che, al contrario di me, non ammette confidenze con i commessi, porta la fede al dito, si prova un maglione, una giacca blu a lievissimi riquadri bianchi con due spacchi, io continuo a cicalare ma abbassando i toni, ormai pago e me ne vado, l'uomo non so come fa in tempo a dirmi, sulla battuta del proprietario che allude alla ricchezza dei miei diritti d'autore allorché gli faccio notare il prezzo esoso di un maglione, un milione e quattrocentosettantamila lire, che ha letto un mio romanzo, non ricorda bene il titolo per intero, è stato tanto tempo fa, parlavo di andare in giro a vendere collant, «Un libro di spessore che mi ha molto aiutato», dice, «a capire anche il mio ambiente di lavoro e a farmi intendere», «È bella quella giacca, le calza a pennello», dico di rimando, detesto i complimenti in faccia allo Scrittore, si devono dare per scontati, annichiliscono, la giacca è stesa sul bancone davanti a me e allora ne provo la mano, lui resta indifferente, io temo di avere esagerato, forse non voleva che proprio io toccassi la sua giacca, intanto che mi giro per battere in ritirata lui la indossa di nuovo e se la riprova davanti allo specchio con la differenza che davanti allo specchio mi ci sono trovato e sto fermo impalato io con le due buste della roba, «Guardi che rapina», dico, forse per sdrammatizzare la sua alterigia di riflesso, assolutamente non marcata ma che un po' mi ferisce, «sono entrato per comprare un paio di mutande e guardi, guardi qua che guardaroba mi hanno tirato dietro», ridono tutti, bontà loro, lui abbozza un mezzo sorriso, di pazienza, va bene, ho capito, è il massimo della tua concessione al giullare, poi sono sulla porta, mi attardo a completare i saluti più con gli occhi che con la voce, perché, a parte lui, cinque sono le persone presenti, e per primi guardo ovviamente i tre commessi e la commessa uno per uno e, arrivato al proprietario e dovendo passare ora a lui, all'unico cliente, non faccio in tempo a finire una frase di circostanza che quello dice a labbra tirate, «Buonasera, Busi, e stia bene», con un'aria di licenziarmi per sempre, «Saluti di nuovo a tutti», dico, senza guardarlo più, non vorrei infastidirlo oltre, e sono fuori.

Non so, per un attimo, mi ricordo bene, ho pensato solo che non aveva l'inflessione bresciana, pur essendo bresciano, poi mi sono girato verso le vetrine del negozio, mica ero curioso degli eventuali commenti che mi lasciavo alle spalle, più come se dovesse uscirvi qualcosa di dimenticato, un fazzoletto sporco, una mia vergogna messa allo scoperto, e però non c'ho più filato un solo pensiero attorno, né fino al parcheggio né fino a casa né mai in seguito. A parte ora, a distanza di tre giorni, che è di nuovo sera, perché ho pensato ai pantaloni nuovi di fustagno, al maglione di cashmere e al resto che avrei voluto indossare ieri sera alla cena da mia sorella per non farla sfigurare e che sono ancora nel bagagliaio dell'auto. Oggi lei è stata molto gentile, sa che sono un patito del calicanto e me ne ha portato tre rami che ha preso da sua suocera, me li ha dati in mano dicendomi, «Non so, quest'anno non hanno profumo», «Strano», ho detto senza farle notare che non c'era un solo bocciolo aperto.

C'è uno squillo appena in tempo, alle otto e ventinove di sera, mi ero buttato sul divano e mi ero

già addormentato, avrei dormito stravaccato lì senza salire in camera, sollevo il ricevitore a metà del secondo squillo e dico, «Pronto», ma certo non sono pronto quando una voce, piuttosto cantilenante, chioccia, dalla pesante calata bresciana, mi dice:
«Sono Cesarino Rotoloni.»
«Chi, scusi?»
«Rotoloni.»
«Rotoloni? Mi scusi, mi sono appena svegliato e... ma...»
«Bortoloni con la bi, Cesarino.»
«Dica, Bortoloni... ci conosciamo?»
«Sono il cliente del negozio dell'altro giorno.»
«Mi scusi, quale cliente? quale negozio? Quando?»
«Il Klitos For Men, in centro.»
«Lei è quel tale con gli occhiali da onorevole fascista?»
«Sì. Lo so che sono uguali a quelli di Gianfranco Fini.»
«Dalla voce non si direbbe, non la riconosco mica, sa, sarà per via del telefono... quello della giacca da due milioni e due, il bresciano che avrebbe letto un mio romanzo?»
«Sì, sui collant...»
«Come ha fatto a avere il mio numero di telefono?»
«Me l'hanno dato dei suoi amici, i Passuera...»
«Io amici? E chi sono? Bassuera?»
«Sì, Passuera con la pi, Lino Passuera con la pi, il geometra, e la sua amica, Gloria...»
«Ah, quello che sta con quella che ha il negozio di abiti da sposa?»

«Sì, la Gloria Frego.»

«Ma non sono miei amici, sarà un sette anni che neppure li vedo... in effetti questa Gloria mi ha telefonato di recente, credo ieri o la settimana scorsa, qualcosa così... e così danno via il mio numero di telefono senza neppure chiedermene prima il permesso... Ma mi scusi, come è successo? Cosa è successo?»

«Siccome ho dovuto parlare con lui per una questione di soffitto a cassettone e gli ho detto che avevo incontrato Aldo Busi e lui mi ha detto che eravate amici, io gli ho chiesto il numero di telefono.»

«Ma non sono miei amici, le ripeto, comunque visto che c'è, mi dica.»

«Io ho pensato due cose, l'altra sera, vedendola.»

«Ma se non mi ha neanche degnato di uno sguardo di buona creanza!»

«Mi lasci finire, per piacere. La prima, che lei e io abbiamo delle affinità elettive...»

«Mi scusi se la interrompo, affinità elettive di che? A me non sembra proprio. Ma lei è la stessa persona che stava provando una giacca blu con i riquadri bianchi tipo scozzese e io ho detto che era una bella giacca e l'ho palpata per via del prezzo che sembrava filata con l'oro?»

«Sì, che poi non l'ho neanche comprata.»

«E sì, del resto come clienti al Klitos c'eravamo dentro solo lei e io... sa, la voce... dalla voce non la riconosco affatto...» è una voce sgradevole, di uno che sta confessandosi e vuole fare piano, per non sentirsi dire tutte quelle cose solo perché le dice a un altro.

«Io e lei abbiamo delle cose in comune, affinità elettive, Goethe, appunto... e poi mi chiedevo se lei potrebbe essere interessato a un mio progetto.»

«Guardi, sorvoliamo sul primo aspetto delle cose in comune, passiamo al secondo senza tirarci dentro la Germania e, temo, domineddio. Che progetto?»

«Non potremmo incontrarci e parlarne a voce?»

«Guardi, ormai mi ha chiamato, mi sta parlando, ne approfitti fino in fondo... Fra la possibilità di incontrare qualcuno e non incontrarlo, preferisco non incontrarlo.»

«Non è facile parlarne a voce.»

«Allora ne faccia a meno, me lo scriva e mi mandi la lettera... lei è quello che aveva la fede al dito, vero? È sposato?»

«Sì.»

«Con figli?»

«Sì.»

«Mi dica allora di che progetto si tratta.»

«Non vorrei che lei pensasse che la chiamo a fini sessuali.»

«Come dice, scusi?»

«A fini sessuali.»

«E che fini sono? Mi dispiace che lei debba umiliarsi fino a questo punto dal precisare una simile, banale brutalità, io non penso proprio niente... io... Ma com'è 'sto progetto? Non dica che sta scrivendo un romanzo e che vuole sottopormelo!»

«No, anche se è sempre stato il mio sogno. Io l'ammiro tanto, sa.»

«Non l'avrei detto, era così sostenuto, non me ne sono affatto accorto. Non sono certo quelli che mi ammirano in segreto a mancarmi... Mi sono sentito miracolato dal fatto che mi lasciava andare via dal negozio incolume...»

«Ma io credevo che lei e io... pensi che la volevo invitare a cena ma poi...»

«È entrato solo perché mi ha visto dalla vetrina...»

«No, questo non è vero, cioè...»

«Mi voleva invitare a cena lei? Ma come, ma se sono quasi fuggito credendo di averla importunata, e quel suo saluto superfluo, che io ero già sulla porta, come a dirmi, dài, culattone, fa' alla svelta e circolare, circolare...»

«Non è facile.»

«Cosa?»

«Tutto. La vita. Il transfert. Nella mia posizione.»

«Guardi, io mi scuso se le ho chiesto quanti anni ha, ma mi creda, non sono andato oltre nemmeno con la fantasia... chiedo gli anni agli altri perché io stesso faccio fatica ormai a situarmi nel tempo, in un'epoca, nella mia pelle, e se vuole saperlo non riuscivo a stabilire se lei ne aveva quaranta o cinquanta, la cosa mi inquietava, perché allora significa che, vedendomi, qualcuno potrebbe pensare che ne ho già sessanta io e non verrei a saperlo mai...»

«Vede, è come le dicevo, abbiamo delle affinità

elettive, succede anche a me. Volevo invitarla a cena adesso per parlarle di queste affinità e del mio... del nostro progetto.»

«Un momento, guardi» e sospirc «o me ne parla adesso o non se ne fa niente, le farei risparmiare del tempo... E poi, mi scusi, ma lei cosa fa nella vita?»

«Per esempio, ho appena rilevato una pompa di benzina e ho creato un ufficio mantenendo intatta la struttura preesistente.»

«Ha una stazione di servizio. Distribuisce benzine?»

«No, ho quattro uffici, di vendita immobiliare, per l'appunto.»

«Per l'appunto cosa?»

«Al fine del progetto.»

«Ma io non ho alcuna intenzione di comprare un'altra casa o di fare investimenti o di fare il benzinaio, se è questo il...»

«No, non è questo, si tratta di uffici pubblicitari.»

«Sia meno misterioso, non è possibile arrivare al dunque con lei? Pubblicitari al fine della promozione delle sue agenzie immobiliari o un'attività extra? Si spieghi. Guardi che comunque a me la pubblicità non interessa.»

«No, non è questo, non solo questo, se lei mi permettesse di parlargliene a voce a tu per tu...»

«Ma adesso cosa sta facendo se non *non* parlarmene a voce? Mi sta chiedendo se posso piegare la mia penna a coniare degli slogan promozionali?»

«Perché parla di piegare la sua penna? Lei pensa subito male...»

«Io penso nel senso del bene che riesce a veicolare lei, nient'altro. Allora mi dica lei cos'è che dovrei fare io, che c'entro io in tutto questo suo progetto. E che progetto è, io mica l'ho capito ancora.»

«Sa, io sono in analisi e...»

«Ah!»

«Il desiderio di... ma lei non penserà che... io e lei...»

«Ma io non penso proprio niente di niente!»

«E forse... lei vedendomi al Klitos For Men ha pensato che io sono forse omosessuale?»

«Io non ho pensato neppure che lei o altri siano o non siano una qualsiasi cosa sessuale, che mi importa, scusi?»

«Io ho paura che si... Perché non vorrei che si vedesse che...» la voce sempre più flautata, bassa, insinuante, pretesca, volgare, la voce di un verme: e questo qua... questo bell'uomo di allora, questo aborto di adesso... pretende di avere delle affinità con me!

«Guardi, Pissuera...»

«No, Passuera è il geometra, io sono Bortoloni, Cesarino, perché non mi chiami Cesarino, Aldo...»

«Guardi, Bortoloni, una volta che parto col lei poi per me è... se lei vuole sapere da me se si vede che lei è omosessuale o no, posso garantirle che non si vede niente, anche se non so che cosa ci sia da vedere o meno e chi se ne frega se oltretutto si vede, si percepisce, si sospetta... È lei che non sta bene, che non è chiaro, mica gli altri. Purtroppo per lei se sta lì a farsene una paranoia...»

«Lei non penserà che io...»

«Senta, o la smette di ascrivermi pensieri che sono solo nella sua testa o è meglio finirla qui.»

«Potremmo andare a cena dove vuole lei.»

«Ma io non voglio affatto venire a cena con lei adesso, avrei preferito che lei mi invitasse allora, al Klitos, a bere un caffè, lì davanti a tutti. Se era questo che voleva, doveva dirmi pari pari, "Busi, mi aspetti che andiamo a prendere un caffè insieme". E era fatta, non so cosa, ma qualsiasi cosa. L'avrei ammirata per lo spirito, adesso provo solo...» "schifo", vorrei dirgli, ma mi trattengo.

«Non è mica facile dire una frase così a uno come lei, con tutta la gente intorno, chissà cosa pensano.»

«Mi scusi, ma al sonno della sua ragione preferirei continuare il mio di prima, buonanotte e...»

«Ma adesso possiamo rimediare, andiamo a cena dove vuole lei, anche in centro, alla Sosta, anche... ma lei non ha provato per me... perché io per lei provo un qualcosa di...»

«Guardi, io provo solo fastidio, io, se ripenso a quei minuti in negozio con lei, vedo solo uno schierato per conformismo con gli altri contro di me, non con me. Lei al telefono dice sempre scempiaggini del genere alla gente che incontra per caso una volta in un negozio? e mai più... dato che non credo che qualcuno con la testa sul collo abbia voglia di incontrare apposta uno come lei.»

«Lei è crudele.»

«È tanto tenero lei.»

«Che devo fare allora?»

«Salutarmi gentilmente, ringraziarmi della pazienza e agganciare e non cercare di agganciarmi mai più. Una possibilità l'ha avuta, doveva approfittare di quella, non ci voleva molto, "Busi, viene a bere un caffè?", poteva anche omettere "con me?" se le sembrava troppo controproducente... E adesso una cena che abbia l'aspetto di una cena d'affari... i suoi affari non sono i miei. Lei adesso, così, calpesta e l'uomo e lo scrittore... a lei fa comodo vedermi in pubblico come è lei di nascosto» una checcona edipica in fregola disposta a tutto, penso, il tipico padre di famiglia dalla doppia vita in cui rompe i coglioni a chi non ha che la sua «senza alcuna dignità, senza alcun rispetto per me... Guardi che, anche se adesso è disposto a rischiare, fra noi due chi verrebbe compromesso dall'essere visto con l'altro sono io. Del resto non mi meraviglia, lei, abituato a calpestare se stesso, calpesta in un colpo solo sia moglie che figli che me. Se le piace l'analisi, ha trovato pane per la prossima seduta.»

«Venga a cena con me, la prego» la voce è un misto di prostrazione clericale e cinguettio femminile, mi viene la pelle d'oca dal disgusto.

«Non insista, salutiamoci con un vaffanculo, se crede, e amen.»

«Allora niente cena... io e lei, da soli e poi io ho una garç...»

«Non c'è proprio nessun io e lei. Se vuole, gliela

canto pure: "Lasciamoci così senza rancor", su, Rotoloni, che si fa tardi.»

Non gli dico che io, appena lo vidi entrare nel negozio di abbigliamento... perché adesso che ci penso, lui mica ha comperato niente, per sua stessa ammissione, dunque mi ha visto da fuori, dalle vetrine, e è entrato dentro apposta perché c'ero io, che lui lo ammetta o no, non per provare quella giacca blu a sottilissimi riquadri bianchi... ebbi un bel tuffo al cuore e che in un istante ho rifatto il tuffo al contrario riassorbendo tutto il rumore di quello splash, non gli dico che non è mai importante il mio desiderio che c'è... potrebbe essere un automatismo incontrollato... ma molto di più è il desiderio dell'altro che non c'è, cioè, che l'unico desiderio interessante è quello che non c'è dell'altro, perché l'unico desiderio vero è il desiderio che non c'è, o meglio, è il suo impossibile manifestarsi e dichiararsi, è questa cosa che rende interessante il mio, che è scontato ai miei stessi occhi; diciamo che più l'altro non manifesta il suo non desiderio... che, come abbiamo appena visto, è un desiderio vero e proprio occultato per timore delle conseguenze sociali, perché io non sono così fesso da innamorarmi di chi, dicendo e facendo capire di non volermi, dice anche la verità alla lettera... più muore il mio desiderio che c'è: il mio non è un desiderio di lui, troppo poco per prestargli fede, il mio è un desiderio del suo pubblico e manifesto desiderio per me, se non c'è questo suo desiderio per me... se il suo non desiderio per me non si trasforma in un desiderio di me... io o scompaio o non mi sbilancio, hai voglia di contare sul fatto che comunque allungherò prima o poi la manina solo perché mi piacerebbero gli uomini che mi piacciono! Pari e patta, anzi, piuttosto niente patta del tutto. Niente io, ma io ho avuto già tanto, ma niente tu, e tu non hai avuto niente se non hai avuto me.

«Non faccia parola con nessuno di questa telefonata, mi raccomando» esala.

«Non c'è mai stata.»

Riprendono i botti sotto casa, apro la dispensa, prelevo un panettone, uno di meno che finirà sbriciolato ai merli, «Ehi, ragazzi, se volete occupare le mani un po' anche con un pezzo di panettone prima che ve le amputino, visto che è Natale...» e glielo lancio sulla neve dalla finestra e la richiudo senza aspettare, per paura, un'affinità fra il dare e l'accettare, niente. Di colpo i botti tacciono, riprendono dopo un po' di gran carriera, secondo me alcuni sono dei razzi veri e propri, devono proprio essere degli artificieri nati per non dilaniarsi. Dopo un'ora circa che è ritornato un silenzio da presepe, sono andato fuori a vedere le tracce del panettone, dal cartone sparso in giro avrei capito che se l'erano gustato, e ho aperto il cancelletto che dà sulla strada, l'avevano impiastricciato tutto sulla muraglia e sul cancelletto stesso, la toppa era diventata una grossa bugna di panettone, neve e ghiaietto, *L'entrata candita*, ho titolato mentre si staccava e franava a terra, e poi *Grandi!*, ho fatto dietrofront e ho visto la ramazza messa lì a portata di mano per niente, e siccome ho pensato che mi dispiaceva di non aver potuto essere d'aiuto perché un po' se lo meritavano di essere portati al pronto soccorso, sono ritornato dentro a ridere di cuore.

Single di lusso in quanto bordello

Strafottenti e tutto meno che ipocrite le dichiarazioni della trentina di ragazzi che hanno partecipato al concorso di Mister Italia presieduto da Amanda Lear a Pescara, era ora: «Per il successo andrei a letto con chiunque, anche con una vecchietta» – leggi "anche con una donna" –, «Siccome le donne sono sempre più mascoline, gli uomini devono puntare anche sulla propria femminilità», «Uomini o donne non si guarda in faccia a nessuno. Mai dire mai», se il traguardo è un set televisivo o cinematografico, «Ho pettorali inesistenti. Penso di rifarli col silicone», e il tutto mentre si danno l'ultimo tocco di rimmel o si avvoltolano i genitali nella carta igienica per dar loro più ossigenatura prima di sfilare in pedana. Che adorabili mascalzoni, questo sì è parlar chiaro! Per il resto, è la solita solfa: il sesso considerato una merce di scambio da far battere (possibilmente a un'asta, ma non sempre), la prostituzione come vero ufficio di collegamento/congelamento nazionale per i nostri baldi giovani e i finocchi, che sono sempre gli altri e sempre ricchi e decadenti, quelli che, direttamente o no, mantengono o pagano. Anche con una promessa non mantenuta.

Se nessuno ha il coraggio di dichiarare un desiderio d'amore da provare e ricambiare, fosse pure con una donna, o almeno di un desiderio di lavoro onesto, non è perché gli manchi il coraggio, gli manca il desiderio! Sono dei corrotti in attesa di un corruttore ufficiale che gli garantisca una parte e un alibi. Sento una grande stretta al cuore – lì e stop.

A chi mi rimprovera di non uscire mai dal mio convento e di non voler incontrare nessuno, d'ora in avanti smetterò di dire che ho diritto anch'io alla vecchiaia, dirò la verità: che, non avendo mai avuto vizi da perdere, mi accontento di perdere il pelo in solitudine che godo di più (quando è proprio bianco cade da solo). Ma imbattermi in uno di questi sessisti "più belli d'Italia" dalla freudiana psicoceretta («Mi sono sempre depilato anche sul sedere, detesto i peli fin da piccolo», dichiara il vincitore) e col pelo sullo stomaco, no: a meno che, impazzito del tutto, non mi trovi in missione con don Benzi* sul viale Mazzini, di Cinecittà o di Mediaset.

---

* Don Benzi è quel prete misericordioso che batte i marciapiedi d'Italia per riportare le prostitute sulla retta via, ovvero verso Santa Madre Chiesa: come si suol dire, dalla padella alla brace.

Cuori da cuor nella notte

Non è questione di rimenarla con la vecchia barzelletta della zitella che, stufa di guardare sotto il letto per vedere se c'è un ladro, si decide a comperare un altro letto per raddoppiare le probabilità: è che proprio questa barzelletta, che siamo noi certe notti, non riusciamo a toglierla dalla testa, è un chiodo fisso su cui cadiamo ogni volta a razzo, come se non l'avessimo mai sentita prima e non sapessimo come va a finire. Siamo patetici, non ci facciamo nemmeno ridere, ma non abbiamo neppure l'intenzione di riuscirci, e siamo noi a raccontarcela, e la zitella è sempre un'altra, mai noi. Facciamo così bene finta di far finta di niente che tutto è vero come per magia.

Ma il nostro traguardo, inconscio e conscio, non è un gentile stupratore mandatoci dalle dame di San Vincenzo per lenire la nostra insonnia, è il vasetto di vetro a filo del primo ripiano della credenzina che, instancabile sirena, ci invia il suo alfabeto Morse subliminale, "Prendimi, sono tutto cuori da cuore", batte e ripulsa in tutte le tue vene. Visto che a fingere il sonnambulismo non ci sai proprio fare, stai elaborando una scusa per non resistergli più e andare a acchiapparlo senza sentirti in colpa.

Quindi anche stanotte, tra venerdì e sabato, ti sei svegliata (è chiaro che sto parlando di me? lo spero) perché udivi dei rumori sospetti provenire dalla cucina, "Un ladro!", hai pensato (con qualche fatica, ma hai fatto tante prove e saggi di recitazione nel dormiveglia che ti sei ipnotizzata e l'esclamazione terrorizzata è sgorgata fuori dalla tua mente quasi spontaneamente) e ti sei sentita prendere la gola da un morso di panico (Moretti, dell'omonima birra: rigirati uno spot del catechismo a caso), sei corsa col braccio ai piedi del comodino, dove tieni un candelabro di peltro placcato d'argento che sollevi con una certa fatica e che ormai ti sei rassegnata a usare non già per la candela della cenetta intima ma come arma di attacco – sì, di attacco, alla difesa non ci pensi affatto: un bel colpo sulla nuca, fosse pure il primo pompiere che ti viene a salvare dall'incendio causato dal ferro da stiro dimenticato acceso e che osi frapporsi fra te e il vasetto dei tuoi sogni, quelli veri.

Col candelabro dietro la schiena retto con entrambe le mani, sei strisciata senza fare alcun rumore verso la cucina – non più di otto passi in tutto, l'abitazione è piccola – e ti sei nascosta dietro la porta, sbirciando se il cono di luce di una pila ti guidasse mai verso l'usurpatore dei tuoi sogni. Hai brandito il candelabro sollevandolo al di sopra della testa, pronta a uccidere. Nessun cono di luce, mentre i rumori – scricchiolii – continuavano; facendo uno sforzo sovrumano hai acceso la luce di botto premendo con la fronte sull'interruttore e una pantegana è uscita dal lavello con dentro ancora i piatti sporchi e qualche avanzo, sì, ma niente in confronto a quelli che a partire da stasera si accumuleranno fino a lunedì, e ti è schizzata sui piedi correndo all'impazzata chissà dove. Hai lanciato il solito grido, di spavento e di delusione e di circostanza: niente ladro nemmeno stavolta, ma la pantegana non l'avevi prevista per oggi, di solito si fa viva fra la domenica e il lunedì.

E hai peggiorato lo stato della piastrella su cui il candelabro è caduto di schianto anche stavolta.

Hai aperto lo sportellino della credenzina dove tieni lo scatolame e ti sei fatta un vasetto di 350 g di carciofini sott'olio, sciogliendoli in bocca a uno a uno, sospirando dal piacere quasi senza tirare il fiato.

Hai comperato da mesi sia il vischio acchiappatopi che l'assicella per stenderlo, ma ti sei sempre guardata bene dal farne uso: la pantegana provvede ormai al tuo unico spavento, alla tua unica speranza per una notte un po' movimentata; al vasetto di carciofini sott'olio da svuotare comunque, con o senza pantegana, e da rimpiazzare subito domattina stessa ci provvedi da te.

Magari il ladro potrebbe farsi vivo proprio domani notte: meglio comperarne due, va'. Mica per allungarne uno a lui, macché.

Oddio, non è che poi dovrò fare tutta la scena due volte o per due? Magari, dopo il primo vasetto, cambio guêpière e vestaglia, non si sa mai.

Proprio nel senso che si sa sempre.

Salvare la forma
(per memorizzare il significato)

Ah, trovare una volta prima di morire qualcuno che non vuoti il sacco, cioè la sua chiavica di liquami, uno che si renda finalmente conto di non avere niente da dire e soprattutto a me! Che orgia di dialoghi!

Tanto per cominciare.

Come tutti i vecchi ai quali da troppo tempo non succede più niente e le cui conoscenze, anche di persone nuove, sono per sempre fissate e senza più *new entry*, il Single di ogni età è portato a ripetere più volte la stessa cosa alla stessa persona: va bene così, anche se te ne avvedi con ritardo, non sentirtene imbarazzato e, se non te ne avvedi, dov'è il *tuo* problema? il problema di farcelo notare e come o glissare è dell'altro, e glisserà, sta' tranquillo.

Non c'è perfezione senza scorie, la consapevolezza delle scorie è la perfezione dell'essere umano, non la loro eliminazione o assenza: ripetere una cosa consapevoli di ripeterla è dirla per la prima volta in assoluto. E non esiste nessuna prima volta in assoluto da dire o da ascoltare per nessuno. Noi non maceriamo significati il più delle volte, ma maciniamo suoni per riempire la perfezione del vuoto che ci unisce gli uni agli altri.

Noi soli e da soli, nella vita, dobbiamo distaccarci dal mito dei grandi dialoghi che (tralasciando cinema e teatro, tutto tempo perso) troviamo nei romanzi che più ci colpiscono, senza esserne consapevoli, con il tornito mestiere della loro falsità di fondo.

Non esistono nella vita di tutti i giorni grandi dialoghi grandiosi alla lettera e, come dire, alfabetici lettera dopo lettera dalla a alla zeta, e quindi non esistono confidenze e prontezza di riflessi nella battuta – e capacità di riassumere all'altro il proprio passato senza farlo addormentare – come nelle coppie romanzate di Philip Roth. Inoltre, io ho conosciuto tanti di quegli ebrei nella mia vita che posso garantire che, senza offesa, sono del tutto umani. Ripetitivi e leziosi come Isaac B. Singer quando scrive, leziosi e ripetitivi come Woody Allen quando parla e quando tace, se ne può fare a meno e sono del tutto indispensabili come tutti gli altri. Che abbiano qualcosa di speciale, arabi a parte e da ogni parte, proprio no. Finiamola di pretendere che ogni ebreo che incontriamo a Sharm el-Sheikh abbia la facoltà di aprire il Mar Rosso solo aprendo bocca: tutt'al più lo farà sbadigliare.

Nel romanzo di Roth, uno a caso, *La macchia umana*, anche la maschera programmata sin dall'adolescenza di un uomo che cancella la sua identità razziale di vinto in partenza per costruirsene una fittizia ma vincente (è un nero che, grazie a uno scherzo dell'epidermide e dei tratti somatici, per tutta la vita si spaccia per bianco, azzerando il suo passato e la sua famiglia d'origine) avrebbe tutto da guadagnare a starsene zitta più che può e invece rincara la dose, si ribalta in un flusso ininterrotto di verità sciorinate, e ben dette a tu per tu – e anno dopo anno senza smentirsi né smascherarsi – a una moglie, a un'amante, a una prole, a un consiglio di professori. I rotheschi, ciarlieri protagonisti, spesso al limite della bruttezza fisica più ripugnante, uomini e donne, come si incontrano e si piacciono, si aprono a cataratta, e parlano e parlano e parlano, sempre fra virgolette doppie, sempre in improbabili dialoghi diretti, assurdi proprio perché apparentemente così sensati, quotidiani, e ciò che dicono li rende così affascinanti che di virgolette in virgolette assumono le sembianze di dei e semidei usciti da Sofocle, Plauto o Groucho Marx. In virtù del loro potere espressivo – al quale devono tutta la carica eroica che li spinge l'uno nelle braccia dell'altra, allorché nella vita sappiamo bene quanto la parola, anziché un acceleratore dei sensi, sia il tabù che li inibisce – ci dimentichiamo che sono bruttarelli e vecchi e spesso ripugnanti, che sono cameriere piccole e grasse e analfabete, benché citino involontariamente tutto Proust e godano di un lessico alla Roland Barthes, e burattinai legnosi e annosi dotati di una cultura mirandoliana come la loro erezione o accademici matusa con quel tocco di prostatite che non guasta e che in loro sembra fare le veci di uno snobistico afrodisiaco per un altro anno particolarmente sabbatico: e ecco la loro libidine, tutta letteraria nel poco nobile senso di fasulla, diventare impossibile modello di vita erotica per noi. A me Philip Roth non m'incanta, e mi piace non più di un furbone di genere ovvero *trash* che applica il poliuretano espanso all'interno cosce e il Liberty di annunci porno tipo *Secondamano* ai rapporti umani e quindi ai dialoghi fra scopatori; c'è in lui una tale ridondanza di detto, di palesato faccia a faccia e addirittura di esibito in faccia a stabilire le relazioni fra le coppie, anche sposate!, che ci si stupisce come riusciranno i suoi personaggi a chiudere il becco una volta morti: non basterà inchiodarli nella cassa, bisognerà mettergli del cerotto supplementare sulla bocca.

Quanto è più difficile (e non perché fare da specchio alla vita cosiddetta reale sia la principale preoccupazione della Letteratura) relazionare le coppie sulla carta, proprio come accade tutti gli antiletterari giorni dell'esistenza! quanto è più difficile relazionare gli amorosi parlanti grazie al non detto e al sottratto, al sottinteso, al detto ma detto male che crea malinteso e rimorso, al detto che allontana *dentro* anche se la relazione (la storia d'amore a parole o a parole negate) continua fuori, continua non avvicinando, ma *stando addosso*. Bisogna essere semplicemente uno Scrittore – come me – e Roth semplicemente non lo è.

I suoi personaggi, persino amanti ventennali e coniugi centenari, parlano come libri stampati, ecco, e nessuno sembra accorgersene, e Roth men che meno. Essi non si interrompono mai, non si fraintendono mai, e, udite!, parlano per rivelare di sé all'altro più che possono, non come noi comuni mortali che parliamo per nascondere più che possiamo a noi stessi per primi. E dopo una gran dialogata, che come un rimpatrio sgombra gli animi e fa levitare gli ormoni e il follicolo, sotto col sesso!

È vero, più hai qualcosa da dire a qualcuno in grado di ascoltare e di accogliere fra i suoi argini rivoli dispersi e corrente a rilento, più hai qualcuno da farci l'amore con gusto, ma noi tutti sappiamo che dopo un po' non abbiamo più niente da dirci, nel senso che non abbiamo più energie per camuffare quel niente da dirci che ci accomuna sin dall'inizio, e, con gli animi gonfi di tutto quello che vorremmo dire e udire e non diremo né ci verrà detto mai, ci accontentiamo di scopare in qualche modo non con qualcuno, ma con qualcosa che ce lo evochi.

Io, solo io in tutto un secolo di centinaia di migliaia di persone incontrate di persona, sarei stato nella possibilità culturale, artistica, retorica, ritmica e etica di parlare in modo così rivelatore e pedissequo eppure affascinante a qualcuno nella vita fuori dalla carta, ma l'occasione – questo qualcuno in grado di ribattere in modo tale da incoraggiarmi a non troncare immediatamente tanta brillantezza e sincerità all'ultimo sangue – non mi si è mai presentata. Quindi non parlo così con nessuno che incontro al bar o a letto io né così faccio parlare i miei personaggi letterari – né "io" personaggio a mia volta letterario.

Roth fa parlare gli eroi e le eroine dei suoi romanzi come il lettore medio americano (cioè il più evoluto che da quelle parti possono permettersi) vorrebbe sentirsi parlare lui e la sua donna, lei e il suo uomo nell'intimità, sicché scambia il verosimile-cartaceo altrui per la propria realtà, e non pensa che è quel verosimile a essere inverosimile, pensa che sia la sua realtà a essere manchevole di pregnanza, e insensatamente corre ai ripari, le mette una marmitta truccata. Invece di prendere sotto gamba quel burlone di Roth, il suo affezionato lettore medio prende sotto gamba se stesso: e mitizza la sua pochezza relazionale uscendosene, nella vita di tutti i giorni, con dialoghi – in verità sono monologhi e soliloqui e vaneggiamenti – alla Roth, con la differenza che te li fa anche se non ha nessuno davanti che li voglia sentire e condividere o sia sulla stessa lunghezza d'onda. La classica americanata dal vivo del vivo americano che tutti almeno una volta nella vita dobbiamo incontrare su un treno o in una trincea.

La cosa più straordinaria e paradossale delle coppie di eterosessuali blateranti di Roth – altre non ce n'è – è che nessuno dei due fa da spalla all'altro, lo spazio e la qualità dei loro enunciati a reciproco rintuzzo e fascino *in progress* sono pari, nessuno dei due serve con la sua opacità a dare smalto all'altro; la stagionata bidella ignorante per partito preso e incrudelita dalla vita porge battute all'esimio e vecchio accademico negro-bianco che nemmeno Madame de Sévigné o Lou Salomé sarebbero in grado di confezionare, da qui ecco l'esimio professore settantenne deciso a restare in calore per altri settant'anni di dialoghi così – e, grazie alla legge di come ti fabbrico un best seller, dozzinalmente ci riuscirà.

Non credere, o perfetto Single, di essere sempre tu il saggio che tace perché hai di fronte un imbecille che parla: parla e parla e parla, e spesso forbitamente, perché conta su quella tua imbecillità che ti impedisce di ribellarti e spiccicare parola.

Senza toccare i pur eclatanti tasti della lealtà e dell'onestà e pur ignorando quello della sincerità, che è sempre una buona intenzione a doppio taglio, io sono convinto di essere rimasto sempre da solo, e via via anche senza più alcun amico, innanzitutto perché non c'è nella vita di tutti i giorni alcuna attenzione e cura per la qualità delle parole proferite, per la costruzione sintattica delle frasi che vengono scambiate né nell'amicizia né, e qui men che meno, nell'amore; tramite bocca, si buttano fuori le onomatopee dei bisogni e degli istinti, è raro che qualcuno usi la lingua per dare voce alla complessità del desiderio, che è anche complessità lessicale e grammaticale se aspira a essere chiaro e semplice per farsi capire, il che è il contrario di semplicistico e presuppone una scelta di termini, di pause, di momenti e di luoghi mai troppo a caso; noi Single siamo rimasti da soli, spesso, perché nessuno – bello o brutto che sia entro o al di là del nostro tipo ideale, al quale noi per primi non diamo più una cicca di credito – ha saputo o voluto farci grazia di una battuta al momento giusto e sotto l'androne ideale, di un'arguzia che non fosse già sentita o rimasticata, di una confidenza che non fosse solo cuore in mano per strapparci una carità ma anche cervello bene in vista per farcela – consapevolezza estetica fra il dire e il far udire, fra ciò che viene detto e con quale intenzione *e* ciò che viene inteso e con quale risultato, consapevolezza in agguato dell'inevitabile schizofrenia fra suono e percezione.

Io, come voi che parlate sempre di meno, non so come parlerei se potessi parlare con qualcuno senza arrestarmi per la delusione dopo la sua prima battuta e la sua prima risposta, è un'esperienza che non ho fatto e che nessuno mi ha fatto fare, sicché penso, visto che sono ancora qui e che anche voi ci siete ancora tutti, che noi esseri umani siamo legati – o che quelli che sono legati fra di loro a due a due lo siano – grazie al non avere più molto da dirsi e quindi da articolare, più molto cui dare una forma linguistica precisa per affascinare, sedurre o per tributare il massimo grado dell'amore, il rispetto per l'intelligenza e la sensibilità altrui.

Potrei dire, ripeto, dieci cose intelligenti di fila, potrei dirle con grazia, ma se non mi fermo alla nona e non permetto a te di dirne una anche stupida e almeno male, lo stupido sono io e stupide e sgraziate sono tutte e dieci quelle che ho detto io. Meglio rinunciare alla propria intelligenza che sopraffare qualcuno per la sua stupidità. Che te ne fai di qualcuno sopraffatto e per di più stupido, ma tanto stupido da apparirti persino scaltro? Hai già te.

Sono molte le ragioni per cui, e parlo per me, talvolta mi rassegno a ripetere la stessa cosa alla stessa persona: perché non mi è stata a sentire nemmeno alla prima; io non faccio breccia in lei e lei non fa breccia in me, non ci modifichiamo più, eppure stiamo *insieme*; non puoi tenere su per tutta la vita lo stesso disco con la stessa litania "Svegliati, Lazzaro, e cammina!": bisogna capire, se si è perfetti, che o a Lazzaro sta bene così disteso e immobile com'è o che Lazzaro sei tu.

Io non so come ci sia tanta gente che si ricordi di tante cose dette a qualcuno in un certo momento della vita o udite da qualcuno a tu per tu, cose decisive, che hanno determinato un'illuminazione e quindi una svolta, credo sempre più che tutta questa gente se le sia immaginate, non dico di sana pianta, ma che un po' di bulino di suo ce l'abbia messo, mediandolo da un film o da un rotocalco; nessuno può ricordarsi di una splendida forma, tutti ci ricordiamo di un misero significato cui abbiamo aggiunto forma noi perché così ci piaceva, così ce la ricordavamo, com'era in origine no, l'avremmo già persa.

Io mi rifiuto di dare significato a una forma che

non c'è: se al significato carente in origine supplisco io con una forma smagliante in divenire, divento un mitomane, un personaggio da fumetto con tutte le sue nuvolette a posto e merda metafisica profilata in oro colato, senza neppure il valore inestimabile della merda e spossessato persino della propria.

Ognuno è mitomane, e fascista-stalinista scoreggione, a modo suo; io no, solo nel modo degli altri e quindi passeggero per me.

Ma io voglio restare da solo, sono e resto e sempre sarò irreversibilmente un individuo, non mi lascerò mai definire dalla mia eventuale relazione con un altro individuo: non voglio essere marito, divorziato, fidanzato, amante, compagno, amico. Non voglio essere una funzione forzata dentro le virgolette e le nuvolette del dialogo brillante di chi, in realtà, è ridotto al silenzio dalla sua stessa inverosimiglianza, sintesi della sua vigliaccheria, ipocrisia, ipocondria, egoismo, infantilismo, paura di restare da solo con se stesso che condivide con un disgraziato mitomane come lui o come lei.

Io non sono un mitomane, io sono un conoscente.

Ribadisco che non sono affatto né intendo essere tuo parente.

Basta mitologia a secco impigliata in un ruolo che fa acqua da tutte le parti.

Se non hai una forma da darmi che sia tua e di nessun altro e alla quale io non debba aggiungere niente perché è perfetta e memorabile in sé, come la luce spiovente delle diciannove e ventidue e il ponteggio del cantiere edile entro cui hai deciso di incorniciarmela, i tuoi dimenticabili significati collettivi, i tuoi cloni dei valori generici valli a dare a un altro: uno come te lo trovi a bizzeffe in qualsiasi momento e da qualsiasi parte.

Del dargliela

Fintanto che ai tuoi problemi intimi dai una dimensione politica e li vedi incorniciati nel quadro delle manchevolezze della società civile – che in Italia non è altro che la mente della mafia istituzionale e di fatto che ne è il braccio armato – sai dove girarti e trovare ancora una prospettiva qualsiasi per alleviarli lottando per il tuo diritto calpestato e resti vivo, ma quando butti la spugna e ti rifugi nei tuoi problemi intimi come se davvero fossero privati e solo tuoi e dai una dimensione intima anche alla politica, invece di continuare strenuamente a dare una dimensione politica all'intimità, sei fregato e messo in corner per sempre, spalle al muro, unica vista e prospettiva questo muro che a te rimpalla te, sei morto. Morto per te, per tutti, per la società civile: sei ostaggio della mafia, della religione, della superstizione, dell'alcol, dei barbiturici, del lotto, della televisione e della politica che te li amministra per annullare la tua unicità più eversiva, il tuo essere non un essere umano, troppo poco e scontato, bensì il tuo essere persona e cittadino.

Alle strette, fra te e te, contro quel muro da cui rimbalza solo l'eco della tua prigionia e del tuo fatalismo e della tua depressione e del tuo lasciar correre tutta la stagnazione del mondo, sei ostaggio del sentimento politico che non hai più e che ti permetteva di avere tutti gli altri: sei diventato sentimentale, un ennesimo individuo morto in serie che socialmente produce il sentimentalismo e quindi la crudeltà di cui è caduto vittima.

Gliel'hai data vinta.

Se gliela dai vinta, non interessa a nessuno e ci sputeranno sopra. Non c'è scelta, a parte tenere duro e lottare: o gliela dai vittoriosa, o te la tieni tu.

Non c'è fine

E tuttavia un giorno vedi qualcuno, non è giovane, non è bello, non è in forma, gestisce, mettiamo, un'osteria, e zoppica pure un po' da dietro il bancone di mescita, ma quella faccia franca, quel sorriso di ironia buona, quelle mani non eleganti, tozze ma pratiche, svelte, screpolate dal lavoro, quei peli neri e sani che gli escono dai polsini, quel modo di rivolgere la parola in dialetto al cliente entrato già un po' brillo e che vuole gli si presti orecchio per raccontare di essere appena caduto dalla bicicletta, la premura con cui va a prendere alcol e cotone e esce dal bancone e si china e gli medica la sbucciatura sul ginocchio, la pazienza con cui poi lo convince a farsi servire un analcolico invece di un altro calicino... e improvvisamente senti il sangue rimestarsi.

Ma come, non hai appena detto che con certi colpi di testa hai chiuso per sempre?

E avevi ragione: lui, il tuo sangue, per rimestarsi continua a rimestarsi, è quello di chi te lo fa rimestare che rimane fermo, e non farai mai più niente per tirarlo dentro la vertigine del tuo. Ti guardi attorno nell'osteria, a conferma di una scusa, di un pretesto per arrestare la lucentezza che ti sfugge dallo sguardo: due donne, anzi, tre con la bambina, suocera e nuora, sedute attorno a un tavolo, la madre e la figlia e la moglie dell'oste, la madre bella in carne, composta in un silenzio cordiale, col grembiulone di un bianco quasi immacolato, la moglie minuta, ma come smagrita, in una trascuratezza incolore subentrata da un po', nessun interesse, nessuna operosità emana dalla sua figura – nessuna premura di essere lei a procurarsi l'alcol e il cotone per risparmiare alla suocera di ciabattare e al marito di zoppicare con quella caviglia dentro una doccia –, le due donne non parlano neppure, solo la bimba si muove un po', ma poco anche lei, e lui alla moglie non rivolge mai un cenno in dieci minuti, e allora capisci perché chiamano "velo da sposa" quei fiorellini bianchi che il fioraio continua a darti perché «danno volume ai fiori veri e propri» e che a me non sono mai piaciuti: perché dopo ventiquattro ore è appassito.

Chissà poi se è amore solo quello che non si ferma davanti a nessun ostacolo o anche quello che se li crea e lì però s'arresta (vedi il Post scriptum).

Bevi la tua camomilla, paghi, ringrazi, saluti e te ne vai.

Si può dire, sì, che non c'è fine al sentimento e al bisogno d'amore, ma non si dice mai che non è tanto questo che stabilisce o no la fine dell'amore bensì l'incoscienza, la sconsideratezza, il ridicolo, la sfacciataggine, il coraggio, la voglia, la crudeltà, lo slancio o la pazienza di farlo anche sapere.

Desiderare stanca.

E si badi bene: voltiamo le spalle senza aver dato a vedere niente non perché siamo certi di venire rifiutati e respinti, ma perché ci terrorizza il dubbio di essere accolti e ricambiati. L'unica altezza alla quale ci sentiamo è la piattezza della nostra sarabanda mentale, il fiotto di una fantasia inerme, oltre non osiamo più aspirare. Come quel cliente già ubriaco che s'è dovuto far medicare, cadremmo anche noi appena inforcata quell'altra bicicletta.

Desiderare ci stanca ormai abbastanza secondo il nostro calibrato fabbisogno energetico, non pretendiamo più un bonus di fatica ulteriore, non riusciremmo a smaltirlo. Un uomo, poi!

Cantava Connie Francis negli anni Sessanta, «la donna è fatta per amar / me lo dicesti proprio tu»: ecco, ci vorrebbe il metabolismo di questa qui, una che è fatta per amar, una per tutte che fino alla fine dei suoi ottantadue anni di vita media e di media sentimentale digerisce anche le pietre che le tirano dietro – e si apposta dove sa che o le vengono tirate di sicuro o c'è ancora Connie Francis che gliela canta.

Post scriptum: il mio personale ostacolo principale, direi, e insormontabile anche se decidessi di cimentarmici, insormontabile perché psichico, è diventato il ribrezzo per ogni relazione di parentela che andrei a toccare toccando sessualmente uno qualsiasi: mi fa schifo il pensiero che sia uscito da un padre e da una madre, mi fa schifo non solo il protrarsi ma l'origine della sua carne; la vista reale di una creatura viva nella sua autonomia sensoriale dura un attimo come il desiderio che mi suscita, dura come l'attimo che ci separa dalla morte e dura poi quanto la morte: invece della sua sola tessera viva vedo il puzzle di materia umana in decomposizione che alimenta e che lo alimenta intorno. È una vista magnifica ma non puoi fissarla a lungo, acceca, e il desiderio sprofonda sottoterra con quella *mise en abîme* di crani che, come onde magnetiche, si irradiano dalla sua testa. Desidero sottolineare che questo ribrezzo è, come non a caso dicevo, psichico e centrifugo, non psicotico e rivolto contro gli altri (non fa danni a nessuno, non è vendicativo o punitivo, è semplicemente assente da ogni teatro comunitario e non ne disturba le prove e le prime e le repliche), e è legittimamente psichico alla luce della mia guerra contro la subcultura della Natura e l'idolatria del moloch della Famiglia che non permettono all'essere umano di affermarsi in alcun contesto sociale in quanto sé emancipato dal suo cordone ombelicale e *genetico*; trovatemi qualcuno in grado culturalmente e psichicamente di non essere il prodotto in scala di sua madre e di suo padre, qualcuno che mi mondi dall'orribile sospetto di commettere tramite lui un incesto con *mia* madre e con *mio* padre e quindi con *mio* fratello e *mio* figlio, e sarò di nuovo un grande amante.

Post scriptum al Post scriptum: imparare e perseguire il controllo della propria sessualità – e mille sono i motivi per volerla controllare, il primo dei quali è per liberarla fino in fondo – ha come risultato la perdita della medesima; controllare la propria sessualità è volere farla uscire dagli angusti limiti del suo apparente infinito e dalla retorica degli istinti e dall'eredità che le è imposta da un passato subito e patito dalla sessualità degli altri, specie se più grandi sui più piccoli; è, come dire, darle il tuo proprio, vero, unico, individuale carattere, il carattere della tua volontà e della tua intelligenza e della tua sensibilità e della tua esperienza spirituale e politica di individuo, non quello che le è imposto dalle regole, dai tabù, dai complessi, dall'ipocrisia, dalle colpe e discriminazioni sociali e collettive; è un percorso lungo e doloroso, perché sei tu da solo a farlo e contro la società e contro la tua famiglia e contro la famiglia in generale e contro di te in particolare; quando ce l'hai fatta e sei arrivato al capolinea e, finalmente, la tua sessualità è tua e non già il riflesso condizionato della sessuofobia e della sessuomania altrui, ti rendi conto che l'hai persa perché non sai a chi darla, che nessuno, nessun altro al mondo ha fatto quel suo proprio percorso come l'hai fatto tu, che una sessualità così esige di avere a che fare con una sessualità di pari merito evolutivo o niente, non è più stupida come un appetito o un favore o una convenzione o una scadenza o uno sfogo.

Quindi niente.

Una notte da signorina

Già, il desiderio: mentre tutti i desideri si possono covare, l'unico che si può esprimere non è quello di avere qualcosa che non si ha, ma che ci venga tolto qualcosa che ti pesa e di cui si farebbe volentieri a meno. Se uno è in carcere coi ceppi alle caviglie, può sognare di fuggire, può sognare la libertà, può sognarsi di essere innocente e di uscire per vendicarsi di un'ingiustizia, può sognare tutto ciò che vuole, ma il perfetto carcerato gentiluomo se lo tiene per sé. L'unico desiderio che può pubblicamente esprimere è: "Se almeno non avessi i ceppi alle caviglie!". Io, almeno, non mi spingerei oltre. Non lo sapevo, ma questo è anche tutto ciò che direbbe mia madre: non sapevo che sia lei che io abbiamo la stessa struttura di desiderio, che al massimo riveliamo al mondo un non desiderio. Mia madre non ha mai detto, nessuno l'ha mai sentita dire, per fare un esempio, «Ah, come vorrei una cucina nuova!» nel momento in cui non avrebbe mai potuto permettersi di comprarsela, mia madre ha detto «Vorrei una cucina nuova» entrando in un mobilificio soldi in mano. Un secondo prima di avere tutti i soldi necessari in mano non si sarebbe mai permessa di pronunciare un'enormità tale: tutte le spose e le madri di famiglia desiderano una cucina nuova, e magari pure un marito nuovo (nel caso di mia madre, a conferma della sua cellulare coerenza, più nessun marito del tutto), e con ciò? La mente è fatta per macinare tutte le scorie avanti e indietro, ma le parole dette indietro non tornano. Esprimere a voce un desiderio che si ritiene impossibile o la cui realizzazione grava su spalle altrui significa o farselo sfuggire o corromperlo o allontanarne per sempre il soddisfacimento. Siccome i sogni non sono oculati per nessuno, meglio farli al riparo da occhi e orecchi indiscreti.

Andato al matrimonio della mia ex alunna Matilde, ho incontrato sua madre Liliana, mia vicina di casa di quando avevo cinque anni, figurarsi le feste pur nella festa! Liliana era, e lo è stata per decenni, la sarta di Vighizzolo e una delle più ricercate della Bassa bresciana, era diventata amica di mia madre alla quale commissionava i pizzi (parlo di cinquant'anni fa!), e mi chiede come sta la mia aspra metà, e per me dolce che più dolce non si può, e io le dico, bene, le solite cose, perde qualche colpo solo di memoria per riprenderne due, e allora Liliana – che ha quindici anni meno di mia madre, che va per gli ottantotto – mi racconta di lei, sfiancata dalle faticacce giorno e notte per sfamare me e i miei tre fratelli e mio padre, «che non era famoso per voglia di lavorare, neh», poi Liliana si arresta un attimo, si concentra, raccoglie bene un ricordo e dice:

«Una volta chiedo a tua madre, mi sembrava così giù, "come sta, signora Maria?" e lei... be', ormai te Aldino hai la tua età, queste cose si possono anche dire, neh, tuo padre Marcello ci andava giù duro con lei... e lei, che dormiva poco per tante ragioni e anche per *quella*, sospira, "Vorrei tanto fare una notte da signorina!". Voleva dormire fino a cavarsi la voglia, poverina...»

Non c'è qui quella maliziosa possibilità di interpretazione tipica dei messaggi fra donne, mia madre è troppo civettuola per essere razionale come una donna nemmeno se fra donne, non si stava lamentando per gloriarsi o far provare invidia, non stava suggerendo a un'altra la sua vanagloria di essere coperta da suo marito ogni santa notte di ogni santo giorno – e poi chissà come, immagino con tutta la passionalità e la furia di un toro che freddamente monta una vacca senza distinguere se è viva o meccanica –, no, mia madre stava dicendo esattamente quanto significava, esprimeva il desiderio che la notte talvolta, almeno una notte in più di vent'anni, si ricordasse di lei e si ricollocasse al suo posto secondo la sua ancestrale funzione: dormire, riposare, dimenticarsi. Non chiedeva di fare follie fino all'alba andando a balli mascherati a Venezia o in yacht a vedere sorgere il lattaio dietro la sua carretta col bidone, chiedeva di potere, una notte, una sola notte, di non essere costretta a stare sveglia *anche* da suo marito.

Io – dai pochi indizi oggettivi su di lui e, a pensarci adesso, dall'assoluta indifferenza e simpatia di mia madre verso le donne che circolavano nelle nostre osterie con locanda e che qualche occhiolino dolce a quel bocconcino al sangue che era mio padre se lo sono certo lasciate scappare – ho sempre sospettato che mio padre non abbia mai avuto altra donna a parte sua moglie e tuttavia non ho mai saputo niente, né mi è mai importato sapere alcunché, della loro vita di coppia e della sua di maschio piuttosto bello e fascinoso. Quel ricordo di Liliana mi ha aperto gli occhi del tutto, non solo sulla natura del loro reciproco odio nato, è probabile, da una tormentosa, e schiavizzante per entrambi, dipendenza sessuale, ma anche sull'unica natura ammessa del desiderio propriamente umano allorché deve ribaltarsi sulla società o su un individuo: il poter fare a meno, il desiderio di far senza, la facoltà di dire no e sottrarsi.

E questa è anche l'unica volta in vita mia che sono venuto a sapere, e l'ho dovuto sapere da una terza persona, che anche mia madre una volta ha avuto un desiderio, il desiderio di fare una notte da signorina.

E pensare che io vorrei tanto invece farne una da signora!

Ma non lo dirò mai, mi cascasse la lingua – e voi perfetti e perfette, acqua in bocca, mi raccomando.

Ouverture a ciel sereno

Mai pentirsi della sessualità che hai avuto, se non avessi avuto quella che hai, avresti avuto quella che non hai e il risultato sarebbe stato lo stesso: un bluff che ti sbanca.

Mi fa una checca estrema, un figlio di mammà ormai incartapecorito quasi quanto la sua incallita fiancheggiatrice, uno che per i maschi ha fatto follie a non dire fino a farsi trapiantare capelli veri di suora portoghese, lifting agli occhi, alla bocca, alle orecchie, «Io, a dire la verità, sono pazzo per la figa», l'ho guardato con una bocca così spalancata dalla meraviglia che poteva passarci un orologio a cucù, «E così, tutto in una volta?» gli ho chiesto quando sono riuscito a riprendermi dallo sconcerto, «No, no, da sempre. È che mia mamma quella non mi ha mai dato i soldi per farmela fare».

Lacrimonia

Cos'è mai tutto questo piangersi addosso del Single ovvero quel mascherare in altrettanta tracotanza e proclami di indipendenza all'arma bianca ciò che si considera uno sventolare bandiera bianca, il fallimento di non appartenere a nessuno? Se capiterà di innamorarsi capiterà, se al contempo capiterà di essere ricambiati capiterà, se no pazienza. Ma a una certa età solo chi non si ama ricambia il disprezzo, la sufficienza, il menefreghismo, la disfatta, il tornaconto di qualcuno fino al punto di scambiarli per amore.

A me questo non succederà mai, io ci ho pensato in tempo: io mi ammiro, voglio essere ammirato da chi mi ama e ammirarlo. Per me l'amore è trovare qualcuno che mi susciti un'ammirazione pari a quella che suscito io per me.

A differenza dei più, che giustamente non hanno alcuna ragione per ammirarsi perché nella vita hanno fatto solo cose detestabili da vigliacchi e da insolenti, non so che farmene del ripiegamento su di me di un vinto o di chi non ha trovato di meglio o di un vittorioso soltanto con me.

Arresti domiciliari

Non c'è rivista per uomini o per donne che non abbia una rubrica che insegni a trasformare i tempi morti in tempi vivi, dal fare rafting subito dopo un funerale in famiglia o un bel viaggio di piacere l'indomani dal licenziamento.

I tempi morti sono davvero tanti per tutti, non è necessario essere già in due per sentirsi mosci e inutili e disperati e pieni di voglie represse, insoddisfatte, senza sbocco e ormai sempre più spente. Chi si lagna di vivere con marito fannullone e infantile e due figli grandi e disoccupati di indole in un appartamento di cinquanta metri quadri e di non avere mai un solo minuto libero se non per augurare la morte a questo o a quello dei suoi cari coinquilini non si rende conto dell'ambascia della giovane sposa senza figli, e con l'interdizione maritale di fare alcunché a parte aspettare il ritorno dell'amato e indaffaratissimo coniuge, isolata com'è in una villa palladiana di seicento metri quadri con servitù in eccesso e giardiniere accentratore che non le permetterà mai di cogliersi una sola rosa senza scavalcare il suo cadavere insieme al suo giardino d'inverno. Ma l'attesa dell'amato è un'occupazione così totalizzante che non si ha davvero voglia di fare qualcos'altro per distrarsi, ci si può annegare dalla noia ma difficilmente si accetterebbe un salvagente per trarsi in salvo. Aspettare un uomo che si ama è un tale privilegio che non ha alcuna importanza se poi egli arriva anche: diciamo che prima o poi farà ritorno, non ha importanza se da vivo o da morto. La sua presenza fisica, da un certo punto in poi, non è meno superflua della sua assenza mentale, o dolce crudeltà, grazie alla quale ha lasciato la moglie sola con se stessa così a lungo – o troppo poco, perché lei in un po' più di lontananza ormai ci contava, visto il giardiniere.

Sono del parere che, quando i tempi sono morti, hanno una loro ragione per esserlo fino a che o non spirano da sé essi stessi o spiri tu. Ci sono giorni, e mesi ormai, che il Single non ha niente da fare, niente da aspettare, nessuna cena da preparare, nessun invito da vagliare, e non ha neppure alcuna voglia di mettersi a inventarselo, 'sto qualcosa... 'sto qualcuno... da fare o da aspettare.

Va bene così, la spiegazione è semplice: è scarica la nostra macchina produttrice di desiderio, non riusciamo più a metterla in moto. Ci vorrebbe qualcosa che ci facesse capire che una volta tanto, invece di desiderare noi, siamo noi a essere desiderati, ma non c'è. Produrre desiderio è laborioso e faticoso e non lo si può fare all'infinito, specialmente se ogni desiderio, da una certa età, viene frustrato e respinto, troncato sul nascere – come dire, il desiderio ci mette la sua radice e il rametto e perfino il fogliame, ma se nessuno ci mette la sua gemma... il tuo desiderio è una gemma che dipende solo in parte da te, e produrre solo legna con foglie buona per ardere o per metterci a trespolo uccelletti impagliati alla lunga esaurisce: esaurisce il prodursi di quelle radici, morte alla radice. E quando succede, durasse anche solo una settimana, dopo i cinquanta è per sempre. A cinquant'anni, e anche prima, nessuno ti salta più addosso: sei troppo vecchio per essere sessualmente desiderabile, sei troppo giovane per aver appena riscosso la pensione.

Ecco, c'è però un tempo, *quel* tempo per l'appunto, in cui quella settimana è diventata due, poi tre, poi quattro settimane, poi un semestre, poi un anno, e infine dieci, quindici, venti anni, e magari a occhio e croce te ne restano altri dieci se non di più. Che fare per darsi da fare? Che interessi darsi che non ti hanno mai e poi mai interessato prima? E se odi anche il volontariato, prodigarsi per qualcuno quando nessuno si è mai prodigato per te?

È così difficile non dare pan per focaccia, e distogliersi dalla depressione distribuendo brioche allorché tu nella stessa situazione dei tuoi assistiti hai preso solo sganasscioni! Quindi non è necessario, e neppure una soluzione, fare del bene per vincere la noia e lo stress da arresti domiciliari volontari, a contatto coi tanti pezzenti che sopravvivono, spesso dall'adolescenza, grazie alla carità pubblica e privata, ti abbatteresti ancora di più: finiresti per fare del bene a un campione del familismo andato a male che quelli come te, quando era in auge e aveva famiglia e coniuge e figli e quant'altro, li avrebbe usati per fabbricare la paglietta di ferro per sgrassare le padelle. Inoltre la società non è affatto organizzata per dare peso al Single e ai suoi problemi di relazione mancata e di sessualità omessa, a parte arruolarti da mercenario per una guerra balcanica e volontario per le sale del Bingo, dove migliaia e migliaia di cagnette e di cagnoni senza collare stanno a testa bassa, e ciascuno chiuso in se stesso come nel suo sarcofago, a controllare se è uscito il numero della vincita *e* della perdita. L'entusiasmo momentaneo è parte integrante della delusione fissa, esattamente come una diarrea spezza la stipsi per meglio e più a lungo insediarla negli angoli di intestino ancora sgombri.

Gli arresti, da individuali a domicilio, sono diventati collettivi in luogo pubblico, ma arresti sono.

Come si vive bene agli arresti domiciliari volontari?

Come si vive bene agli arresti domiciliari volontari!

Arriva per tutti il giorno che ci si sente prigionieri in casa propria perché essa ha esaurito tutte le sue fonti di energia scacciapensieri per intrattenerti, dagli scacchi da solo alla preparazione dei cardi con besciamella ricchi di quella fibra che manca tanto a te (falli bollire un po', prima di metterli in forno e dimenticarteli), a Internet, ai solitari di carte al computer, alle vecchie foto trovate in una cassapanca su cui sospirare prima di farle a pezzettini, alle cassette porno, ai libri di ermeneutica di Gusdorf, ai bulbi di amarillis che buttano solo quella volta che li compri e poi più, imbroglione chi ti dice il contrario.

Che fare quando, a parte aver lavorato tutta la giornata per permetterti di fare qualcosa a parte nutrirti e ripararti dal freddo, non hai da fare niente, e non hai nessuno da incontrare e nessuno che voglia incontrare te, niente se non aspettare la nuova giornata di lavoro sapendo che è già tanto se riuscirai a avere quanto basta di ottimismo automatico per nutrirti e ripararti dal freddo? L'esperto suggerisce: ma organizzati! va' al cinema, va' a teatro, va' a Cracovia, va' a radicchio di campo, compra il mio ultimo libro *Come sconfiggere la solitudine e farmi ricco*! E la più grossa delle sparate rubricate: "Coltiva delle nuove amicizie"! Che sarebbe come dire: infila una pila su al tuo peluche e chiedigli di farti le coccole fino a esaurimento batteria ovvero infilatela tu, la pila, su per il buco del culo e fattele finché non stramazzi per congestione della circolazione agli arti, anche inferiori.

Io ti dico solo: abituati. Il peggio deve ancora venire, è nel suo inesplorato abisso che giace il meglio del meglio per te, e finché non lo tocchi evitando ogni rete di protezione non saprai mai se rimbalzerai in alto e quanto o se giacere lì per sempre era tutto quanto volevi per gustarti la tua vita finalmente fino in fondo.

Si può saltare

Ci sono solo due forme di felicità: un'infelicità attiva e un'infelicità passiva. La prima è l'infelicità dell'unico essere felice che esista in società e in natura: colui che non si rassegna e che agisce in nome del suo diritto a cambiare la propria sorte *infelice*; la seconda è l'infelicità di chi subisce in rassegnazione se stesso, ma anche l'altro, senza aspettarsi mutamenti e non fa più niente per sovvertirla, consegnato legato mani e piedi a ciò che crede destino e destinazione finale.

L'unica felicità possibile sta nel saper riconoscere quando è il momento di muoversi per andarla a cercare e quando è il momento di fermarsi per gustarla; tuttavia, il secondo momento non può durare un istante di più: l'abitudine alla felicità è una contraddizione in termini che non di rado coincide con una felicità di tipo beota e mitologico datati, per esempio, dal successo in soldi e in amore che, non appena cambia segno, trasforma l'ex felice – a spese d'altri, quasi sempre* – in un demente, in un fanatico, in un depresso, in un lagnoso e vendicativo rompipalle. Mi fa uno vicino ai quaranta, al quale peraltro non è andata granché bene nemmeno coi soldi, tutto concentrato com'era nel trovare la donna della sua vita, e ne avrà provate e cambiate un centinaio e tutte con le stesse intenzioni serie, almeno da parte sua... «In amore non ho mai avuto successo, solo guai», di che si lamentava? io guai di questo tipo non ne ho mai avuti, sono sempre stato più bravo dell'amore e li ho schivati con rara destrezza e prontezza, e gli ho detto, «Il successo in amore *sono* i guai». Un altro Single mi ha scritto a fine 2001 che, dopo "quarant'anni di infelicità preda di una nevrosi, di un'ossessione che non mi ha dato respiro, quarant'anni spesi dietro a una donna pazza e crudele che mi ha mangiato vivo", se ne era "finalmente" del tutto liberato, e io, e non solo perché ho dedotto che è più vicino ai settanta che ai sessanta, gli ho risposto, "La invidio molto per questa sua *nevrosi* o *ossessione*, magnifica, durata quarant'anni per la stessa donna, e mi dispiace molto che lei ne sia uscito così e le faccio le mie più sentite condoglianze: come farà, ormai, a sostituire una salute così totale e tiranna e deliziosa con una malattia almeno passabile? Spero

---

* La felicità è spesso l'infernale esaltazione di un potere imposto a una marionetta, infelice e spesso non per questo meno grata, non di un sentimento ricambiato fra persone libere anche di mandarsi al diavolo.

che da qui in avanti non dimentichi di inviare a questa donna tanto dolce e sensata una rosa al giorno fino alla fine dei giorni o dell'uno o dell'altra. Che l'anno nuovo le sia foriero di un'altra similmente splendida e duratura e attiva infelicità".

L'infelicità passiva ti cade addosso e ti schiaccia e sei ben felice della tua rassegnazione, di non risollevarti: una volta in piedi di nuovo dovresti di nuovo muovere il culo e fare qualcosa, spostarti dal *destino*, incontrare qualcuno, dargli corda, forse per impiccarti di nuovo, ritornare in circolo: la ricerca della felicità è molto più rischiosa della ricerca dell'infelicità, viene il momento, molto più definitivo di quanto non si creda, che non ne hai più voglia; l'infelicità attiva è una tua costruzione, talvolta artistica altre solo esistenziale, entro cui ti sbatti a piacere e batti la testa contro il muro e rimbalzi e cadi e ti risollevi e via, e finché dura puoi vederne ancora delle belle. L'infelicità passiva invece... *invece*?

A questo punto ci vorrebbe un alfabeto in codice da chiudere in un sigillo inviolabile dai distratti e dai soli ficcanaso che devono leggere tutto avidamente fino in fondo; consiglio agli adepti con l'ostia dell'ottimismo passivo in tasca a tutti i costi di fermarsi qui e di non affrontare l'urto del pessimismo attivo contenuto nel seguente Post scriptum nonché esercizio di stile per combattere la solitudine, da usare con le dovute cautele e rivolto ai più irremovibili spiriti votati a una visione contemplativa a tu per tu con se stessi.

Post scriptum: a saperla prendere per il verso giusto e dopo un misurato allenamento, non c'è niente di divertente e variegato e imprevedibile come l'infelicità passiva; niente allontana la morte, e il senso di morte, come star lì senza altre distrazioni che vederla arrivare. Mia madre, a ottantasette anni, mi racconta che quando lei era piccolina c'era una coppia di vecchietti – «ma vecchi proprio tanto, mica come me» – che ogni domenica partiva dalla Macina di buon'ora per essere a messa prima su a Castenedolo, lui davanti e lei didietro, e ogni santa domenica della loro vita oramai agli sgoccioli, arrivati a metà salita, lui si fermava e, tirando il fiato, chiedeva alla moglie, «Catina, ci saremo ancora l'anno prossimo?» e lei rispondeva tirando dritto, «Se non ci saremo, ci saremo stati».

Allori di camomilla (commiato di evviva al perfetto e alla perfetta Single)

A una certa età, quando più o meno la carne pendula sotto le braccia consiglierebbe alla Piùccheperfetta di non servirsi in pubblico della saliera per non scuotere insieme a essa tutto un sistema che smotta dalle guance in giù e al Piùccheperfetto di smetterla con la paranoia della carriera che fa fare carriera ormai solo alla cilecca, ci sono dei modi di dire che non sono più modi di dire galanti ma modi spicci di fare.

Se dopo tanti anni un secondo uomo ti confessa che da sempre desidera dormire con te, e dopo che il primo con lo stesso desiderio si è addormentato di schianto tra le tue braccia come se tu fossi il suo vecchio passeggino, prendilo in parola: non resterai delusa senza neppure fargli prima una camomilla.

E cingiti la testa di alloro: la camomilla finalmente sei tu, evviva!

Basta covare immagini di pienezza a due per tutti e due: allontana te e chiunque altro dalla possibilità reale di dargli corpo.

Niente rimpianto per ciò che avresti potuto e voluto vivere e non ti è stato concesso, e niente più affanno nel volerlo vivere ora più che mai: non dipende solo da te, dammi retta, e non dipende neppure da nessun altro, e se non lo vivi è perché non c'era davvero niente da vivere per come sei tu e per chi sei tu.

Se ci fosse stato qualcosa da vivere, ti avrebbe individuato.

Se ci sarà qualcosa da vivere, ti individuerà.

Bibliografia di Aldo Busi

Opere

Seminario sulla gioventù, 1984
Vita standard di un venditore provvisorio di collant, 1985
La delfina bizantina, 1986
Sodomie in corpo 11, 1988
Altri abusi, 1989
Pâté d'homme (testo teatrale), 1989
Pazza (nove canzoni cantate da Aldo Busi, volume con audiocassetta), 1990
L'amore è una budella gentile, 1991
Sentire le donne, 1991
Le persone normali (La dieta di Uscio), 1992
Manuale del perfetto Gentilomo, 1992
Vendita galline km 2, 1993
Manuale della perfetta Gentildonna, 1994
Cazzi e canguri (pochissimi i canguri), 1994
Madre Asdrubala (all'asilo si sta bene e s'imparan tante cose), 1995
Grazie del pensiero, 1995
La vergine Alatiel (che con otto uomini forse diecimila volte giaciuta era), 1996
Suicidi dovuti, 1996
Nudo di madre (Manuale del perfetto Scrittore), 1997
L'amore trasparente (canzoniere), 1997
Aloha!!!!! (Gli uomini, le donne e le Hawaii), 1998

Per un'Apocalisse più svelta, 1999
Casanova di se stessi, 2000
Manuale della perfetta Mamma (con qualche contrazione anche per il Papà), 2000
Manuale del perfetto Papà (beati gli orfani!), 2001
Un cuore di troppo, 2001

Traduzioni

J.R. Ackerley, *Mio padre e io*, 1981
J. Ashbery, *Autoritratto in uno specchio convesso*, 1983
H. von Doderer, *L'occasione di uccidere*, 1983
J.W. Goethe, *I dolori del giovane Werther*, 1983
M. Wolitzer, *Sonnambulismo*, 1984
C. Stead, *Sette poveracci di Sydney*, 1988
L. Carroll, *Alice nel paese delle Meraviglie*, 1988
P. Bailey, *Uno sbaglio immacolato*, 1990
G. Boccaccio - A. Busi, *Decamerone da un italiano all'altro*, 1990-1991
Anonimo, *il Novellino* (con C. Covito), 1992
B. Castiglione, *Il Cortigiano* (con C. Covito), 1993
F. Schiller, *Intrigo e amore*, 1994
Fratelli Grimm, *La vecchia nel bosco*, 1996
Art Spiegelmann, *Aprimi... sono un cane, io!*, 1997

«Manuale del perfetto Single»
di Aldo Busi

Arnoldo Mondadori Editore S.p.A.

Finito di stampare nel mese di aprile 2002
presso Mondadori Printing S.p.A.
Stabilimento NSM di Cles (TN)

Stampato in Italia - Printed in Italy

V 54181592
MANUALE DEL
PERFETTO SINGLE
1a Edizione
Arcobaleno
ALDO BUSI

MONDADORI
EDITORE

V 80016699